SparkofPhoenix
**Das ultimative Handbuch
für alle Minecrafter**

SparkofPhoenix ist ein deutscher Let's Player. Er ist seit 2011 in der Minecraft-Szene unterwegs und beschäftigt sich auf seinem YouTube-Kanal ›SparkofPhoenix‹ intensiv mit Minecraft-Tutorials, interessanten Fakten, Mods, Mega-Builds und den coolsten Tipps und Tricks. Bei seinen Fans gilt er als wandelnde Minecraft-Enzyklopädie. Sein erstes Buch »200 Dinge in Minecraft, die du noch nicht wusstest« war bereits ein voller Erfolg und wochenlang auf der Spiegel-Bestsellerliste.

Originalausgabe

Erschienen bei FISCHER Taschenbuch
Frankfurt am Main, November 2018

Satz: Christina Hucke, Frankfurt am Main
Druck und Bindung: GGP Media GmbH, Pößneck
Printed in Germany
ISBN 978-3-7335-0502-8

SparkofPhoenix

Das ultimative Handbuch für alle Minecrafter

Neues Profi-Wissen inkl. Aquatic Update

INHALTSVERZEICHNIS

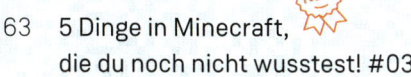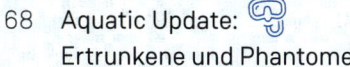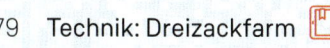

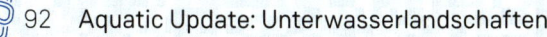

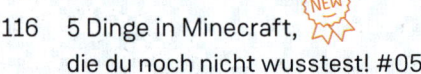
 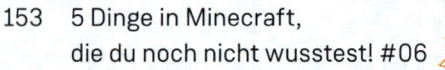

 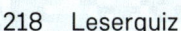

EINLEITUNG

Willkommen zu meinem mittlerweile zweiten Minecraft-Buch! Seit mehr als sieben Jahren bin ich aktiv in der Minecraft-Szene unterwegs und veröffentliche täglich Videos auf meinem YouTube-Kanal. Inzwischen sind etwa 5.000 Videos online und ich habe mich mit sämtlichen Themen in Minecraft beschäftigt. Mein geballtes Wissen findet sich also in diesem Buch wieder.

Ähnlich wie in den Videos auf meinem YouTube-Kanal gibt es hier jede Menge spannender Sachen zu entdecken. Dabei gibt es fünf verschiedene Themenkategorien:

1. Insgesamt 35 Dinge in Minecraft, die du noch nicht wusstest
2. Interessante Bugs, die dem Spieler Kniffe erlauben, die eigentlich nicht vorgesehen sind
3. Ausführliche Informationen und Fakten zum Aquatic Update
4. Tutorials zu automatischen Farmen, teilweise mit Redstone-Technik
5. Dekorationsideen für verschiedene Anwendungen

ZU DEN THEMENBLÖCKEN:

5 Dinge in Minecraft, die du noch nicht wusstest

Jeder, der Minecraft kennt, weiß, dass das Spiel nahezu unendlich viele Möglichkeiten bietet. Dabei gibt es einige coole Fakten, die besonders erwähnenswert sind. Wusstest du, dass an Halloween Fledermäuse häufiger spawnen als sonst? Oder dass sich Schweine, falls sie vom Blitz getroffen werden, in Zombie Pigmen aus der Hölle verwandeln? Es gibt viele interessante Dinge und Eastereggs, und einige davon werden in diesem Buch vorgestellt.

Mein erstes Buch »200 Dinge in Minecraft, die du noch nicht wusstest« findet hier eine kleine Fortsetzung. Dabei stehen keine Fakten doppelt in den Büchern. Alle hier genannten Dinge sind neu! Wenn diese Themenreihe für dich interessant ist, empfehle ich dir mein erstes Buch.

Bugs

Nicht immer funktioniert ein Spiel so, wie der Entwickler es möchte. Besonders in Minecraft gibt es immer wieder neue Spielfehler, die erst nach einer Weile behoben werden. Manchmal sind es eher kleine Fehler, aber manchmal sind sie so schwerwiegend, dass sie das Spielgeschehen auf den Kopf stellen. Ich denke, jeder mag es, Diamanten im Spiel zu finden. Was ist, wenn man diese aufgrund eines Fehlers plötzlich vervielfältigen kann? Einige interessante Bugs zeige ich dir in diesem Buch.

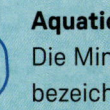

Aquatic Update

Die Minecraft-Version 1.13 wird als das »Aquatic Update« bezeichnet, da viele neue Unterwasser-Spielinhalte hinzugefügt wurden. Das Update ist eines der größten der letzten Jahre und es lohnt sich, die Neuigkeiten genauer anzuschauen. In diesem Buch werden daher alle coolen neuen Inhalte zusammengefasst .

Technische Anleitungen und Tutorials

Auch technische Anleitungen dürfen nicht fehlen. Der Umgang mit Redstone kann manchmal sehr kompliziert sein. Wenn man die Funktionsweise allerdings einmal verstanden hat, kann man richtig tolle Sachen bauen. Nicht immer wird für coole technische Anlagen Redstone gebraucht. Oftmals nutzt man auch die Eigenschaften von Wasser aus, um beispielsweise Items oder Monster zu transportieren. Bei automatischen Farmen kommt man teilweise sehr gut mit nur wenig Redstone aus. In diesem Buch wird eine Vielfalt von Tutorials präsentiert, die euch im Spiel helfen werden.

Dekorationsideen

Du hast dir das Ziel gesetzt, mindestens ein richtig gutes Haus in Minecraft zu bauen? Vielleicht möchtest du aber auch ein bereits gebautes Haus verbessern und ihm den letzten Schliff geben? Dann sind die Dekorationsideen und Bauanleitungen das Richtige für dich. Aus einem Banner werden beispielsweise leicht Handtücher für das Badezimmer. Wenn man einige Items ein wenig zweckentfremdet, kann man noch viel mehr machen!

Alle Inhalte in diesem Buch beziehen sich auf die Minecraft-Java-Version. Diese gibt es nur für Computer und es können kleine Unterschiede zu Versionen für Handys oder Konsolen bestehen. Diese Unterschiede sollten allerdings nur geringfügig sein und den Spaß am Lesen nicht stören. Es kann lediglich vorkommen, dass einige Sachen auf dem Handy oder der Konsole nicht exakt so funktionieren wie hier im Buch beschrieben.

Beim Schreiben des Buchs ist die Aquatic-Update-Version 1.13 gerade frisch offiziell veröffentlicht worden. Das Buch ist also auf diesem Wissensstand. Falls die Entwickler inzwischen weitere Updates veröffentlicht haben, werden sie in diesem Buch nicht berücksichtigt.

Begriffe aus dem Spiel verwende ich in der Regel in englischer Sprache. Denn ich selbst spiele das Spiel in der originalen, englischen Sprache und kenne die deutschen Begriffe teilweise gar nicht. Ein Werfer ist daher für mich ein Dispenser und ein Wächter ist für mich ein Guardian. Ich gehe davon aus, dass das für euch – genau wie im ersten Buch – kein großes Problem darstellt. Trotzdem möchte ich noch mal darauf hinweisen.

Falls du dich für meine Videos interessierst, findest du meinen Kanal »SparkofPhoenix« auf YouTube über diesen Link: https://www.youtube.com/SparkofPhoenix.

Jetzt aber viel Spaß beim Lesen und Ausprobieren!

Spark

5 DINGE IN MINECRAFT, DIE DU NOCH NICHT WUSSTEST! #01

NEW

In Woodland Mansions gibt es verschiedene Monster, die man nirgendwo anders findet. In den Fluren und Räumen kann man auf Vindicator treffen, die den Spieler mit einer Axt verfolgen und im Vergleich zu anderen Monstern auch relativ viel Schaden anrichten. Die Spieleentwickler haben bei diesen Monstern ein kleines Easteregg eingebaut. Wenn man einen Vindicator mit Hilfe eines Name Tags in »Johnny« umbenennt ❶, wird er den meisten Tieren und Monstern gegenüber aggressiv. Er läuft mit seiner Axt in der Hand los und versucht sie zu töten ❷. Nur Evoker, Ghasts und andere Vindicator greift er nicht an.

Ein weiteres Easteregg wurde bei Evokern eingefügt – ebenfalls ein Woodland-Mansion-Bewohner. Sie können blaugefärbte Schafe in ihrer Umgebung in rote Schafe verwandeln. Dabei heben sie ihre Hände über den Kopf und machen ein Geräusch, das sich nach »Woolooloo« anhört ❸. Es erscheinen Partikel und nach einer

❸

kurzen Weile ist das blaue Schaf rotgefärbt ④. Möglicherweise ist das eine Anspielung auf das Spiel *Age of Empires*, wo es Einheiten des Gegners gibt, die die eigenen Einheiten bekehren können. Der Spieler hat dort die Farbe Blau und der Gegner die Farbe Rot.

Lamas können mit Hilfe von Teppichen zu Reittieren gemacht werden. Sie besitzen außerdem eine spezielle Eigenschaft zur Karawanenbildung. Wenn man ein Lama an eine Leine nimmt, stellen sich weitere Lamas in der Nähe dahinter in einer Reihe auf. Führt man das erste Lama an der Leine, folgen die Lamas dem Leittier ⑤. Die Karawane kann insgesamt aus bis zu zehn Tieren bestehen.

Mit einer Wahrscheinlichkeit von 12,5 Prozent kann aus einem geworfenen Ei ein Huhn schlüpfen ⑥. Jedoch gibt es auch die Möglichkeit, dass mehrere Hühner aus einem geworfenen Ei schlüpfen. Die Wahrscheinlichkeit für vier Hühner aus einem einzigen Ei beträgt 1 zu 256.

Gefüllte Kisten-Minecarts **7** fahren schwerfälliger auf Schienen als leere Minecarts. Wenn man zwei Minecarts auf eine Teststrecke stellt und beiden die gleiche Ausgangsbedingung gibt, dann wird ein leeres Minecart weiter rollen als ein gefülltes. Das gefüllte Minecart bremst wesentlich früher ab und bleibt bei weniger als der Hälfte der Strecke stehen. Falls man komplexere Minecart-Systeme baut, beispielsweise für die Lagerung von Items, sollte man bei der Streckenkonstruktion auf jeden Fall darauf achten.

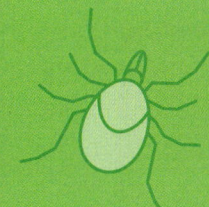

BUGS: ITEMS VERVIELFÄLTIGEN MIT DEM ENDPORTAL

Der im Folgenden gezeigte Bug ist einer der mächtigsten Tricks im Spiel, die man anwenden kann. Er ermöglicht es, Items stackweise beliebig oft zu duplizieren, vermehren, klonen oder wie auch immer man es nennt. Und das geht alles im Überlebensmodus! Der Trick funktioniert allerdings nur mit Items, die man erst im späten Spiel findet ❶. In einer neuerstellten Welt hilft er also nicht weiter, es sei denn, man benutzt den Kreativmodus.

❶

Man benötigt ein Endportal, einen Esel, eine Kiste, einen werfbaren Gifttrank, zwei Dispenser, zwei Wassereimer, zwei Lavaeimer, Schalter und alles, was man für das Zerstören von Bedrock braucht. Schau dir hierzu das Kapitel **_BUGS: BEDROCK ZERSTÖREN_** (Seite 133) an. Hier muss dieser Bug ebenfalls angewendet werden, allerdings nicht bei Bedrock, sondern beim Endportal. Die Rahmenblöcke mit den Enderaugen sind genau wie Bedrock ebenfalls nicht zerstörbar und daher gut vergleichbar. Es müssen zwei Rahmenblöcke des Endportals entfernt werden, so dass man seitlich hineinlaufen kann ❷. Das Portal ist bereits komplett aktiviert, da man vorher das Enderdrachenei entnommen hat, welches man für das Entfernen der Blöcke verwendet.

Als Nächstes wird mit Blöcken ein kleiner Gang gebaut ❸. Über das Portal werden zwei Lavaeimer gesetzt. Die Lava wird mit Schildern und Blöcken in Position gehalten. Der Gang darf nur bis zu der Stelle gehen, zu der später Wasser fließen soll.

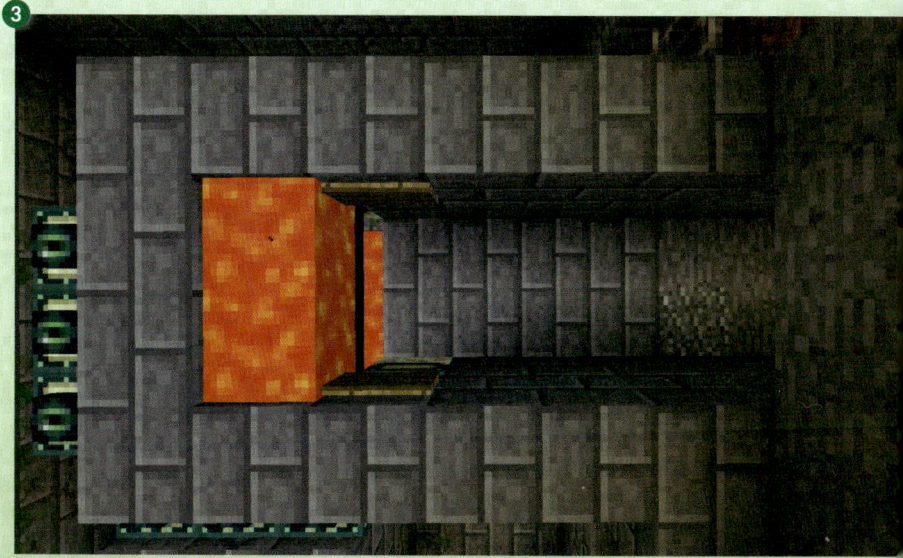

Am Ende des Gangs werden zwei Dispenser in Richtung des Portals platziert. In die Dispenser kommen die beiden Wassereimer und auf einen der Dispenser wird ein Schalter gesetzt ❹. Wenn der Schalter betätigt wird, spucken beide Dispenser Wasser aus, und es entsteht ein Wasserstrom, der den Spieler in das Endportal schwemmt.

Das Wasser wird nun wieder deaktiviert, damit weitere Vorbereitungen getroffen werden können. Im Anschluss wird der Esel in den gebauten Gang geschoben ⑤. Dieser muss vom Spieler gezähmt worden sein, damit er sich auf ihn setzen kann. Danach muss der Spieler mit der Kiste einen Rechtsklick auf den Esel machen. Das stattet den Esel mit einem Kisteninventar aus.

Der Spieler kann auf das Inventar zugreifen, wenn er sich auf den Esel setzt. Es besteht aus 15 freien Slots, in die der Spieler beliebige Items legen kann, die vervielfältigt werden sollen ⑥. Man muss dem Esel nicht zwangsweise einen Sattel anziehen, aber falls man das macht, wird auch der Sattel mit dem Trick verdoppelt.

Im nächsten Schritt müssen die Lebenspunkte des Esels mit dem Gifttrank auf ein halbes Herz reduziert werden. Sicherheitshalber können mehrere Gifttränke auf Vorrat mitgenommen werden. Alternativ kann man den Esel auch mit der Faust auf ein halbes Herz schlagen. Überprüfen kann man den Gesundheitszustand des Esels, indem man sich auf ihn setzt. Seine Leben werden über der Hotbar angezeigt, wo sich normalerweise im Überlebensmodus die Hungerleiste befindet. Wenn der Esel den Gifteffekt besitzt, aber keinen weiteren Schaden mehr bekommt, dann ist es so weit, und er steht auf einem halben Herz ⑦.

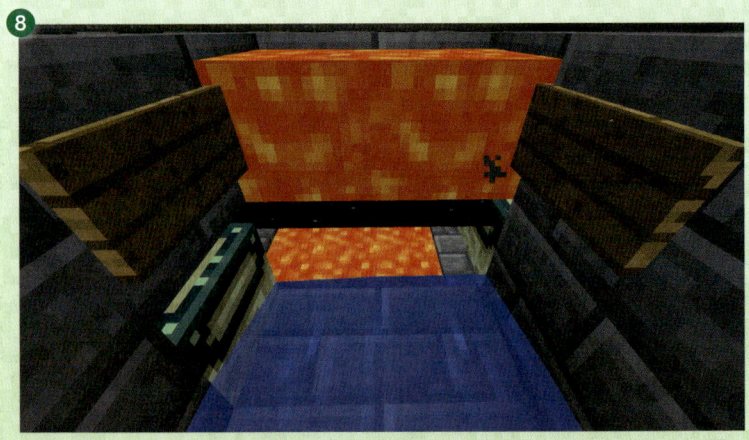

Nun muss nur noch der Hebel der Dispenser umgelegt werden, und der Esel wird durch das Wasser in das Endportal geschwemmt . Beim genauen Beobachten wird er durch die Lava über dem Portal getötet, und die Items aus der Kiste fallen ins Endportal.

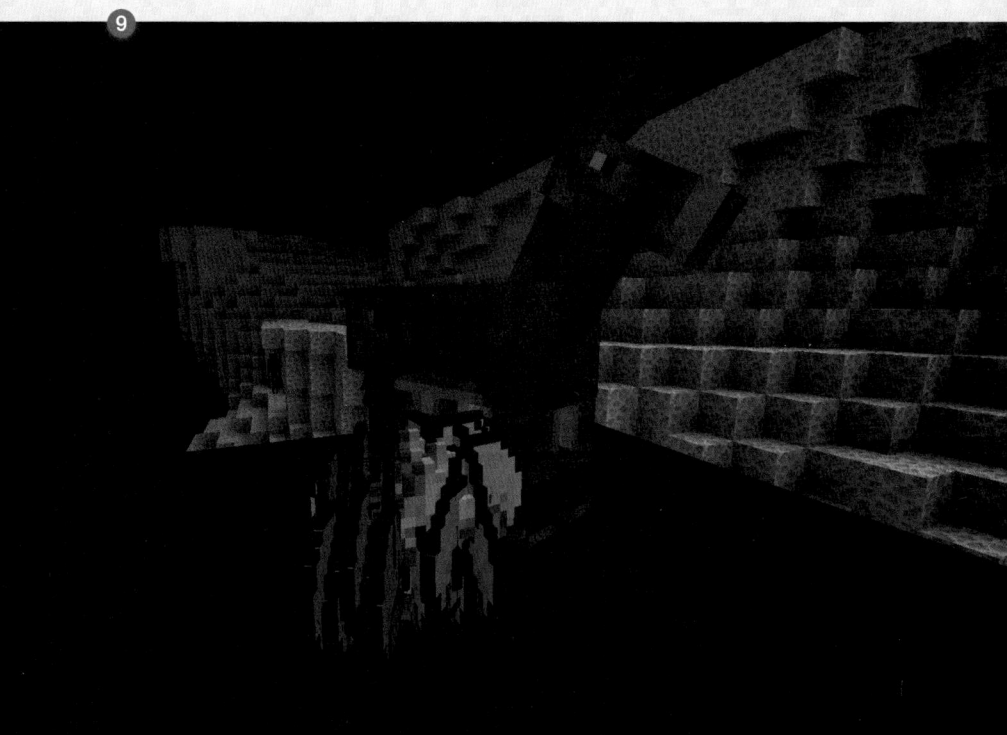

Wenn man als Spieler ebenfalls durch das Portal geht, liegen die heruntergefallenen Items auf der Obsidianplattform. Darauf landet man, wenn man das End betritt. Die Items kann man wieder einsammeln. Neben den Items befindet sich auch der Esel auf der Plattform . In seinem Inventar sind alle Items noch einmal verfügbar. Und schon hat man das Inventar des Esels verdoppelt. Dieser Bug funktioniert ohne Probleme im Überlebensmodus.

Der Hintergrund des Bugs ist ganz einfach: Wenn der Esel in das Portal geschwemmt wird, steckt er kurz mit dem Kopf in Lava, die ihn sofort tötet. Da das Portal allerdings zur selben Zeit den Esel teleportiert, teilt er sich in zwei Teile. Einmal wird der Esel teleportiert, und gleichzeitig stirbt er und lässt die Items fallen.

AQUATIC UPDATE: UNTERWASSERWELTEN IM ÜBERBLICK

1

Der komplette Ozean wurde in diesem Update überarbeitet. Es gibt mehrere verschiedene Ozean-Biome, die nach Temperatur und Tiefe unterschieden werden ❶: warme, lauwarme, normale, kalte und gefrorene Ozeane und zusätzlich die Eigenschaft, dass sie besonders tief sein können. Damit werden insgesamt acht verschiedene Ozean-Biome unterschieden. Unter Wasser wachsen Seetang und Seegras, und in den warmen Ozean-Biomen können auch Korallenriffe generiert werden.

Seegras kann nur bis zu zwei Blöcke hoch werden, während Seetang sehr lang werden kann und bis knapp unter die Wasseroberfläche wächst. In den warmen Biomen ist der Meeresgrund aus Sand und in den kalten Biomen besteht er aus Kies. Es können Unterwasserstrukturen wie Dorfruinen oder versunkene Schiffe generiert werden ❷. In diesen Strukturen gibt es versteckte Kisten mit besonderen Schatzkarten zu finden.

An einigen Stellen gibt es Unterwasserschluchten, in denen Luftblasenströme zu sehen sind. Auf dem Grund der Schluchten befinden sich Magma- und Obsidianblöcke. Teilweise sind sie mit Seegras bewachsen ❸. Die Luftblasenströme der Magmablöcke ziehen einen Spieler und Monster nach unten in die Tiefe.

In den Ozeanen gibt es eine Vielfalt von tropischen Fischen. Hinzugefügt wurden Fische wie Kabeljau, Lachs oder Kugelfische. Und es gibt neue Monster, die wie Rochen aussehen: Phantome. Sie sind aber fliegende Geschöpfe der Nacht, die den Spieler heimsuchen

und nicht als passive Monster im Ozean erscheinen. Delfine jedoch können auf natürliche Weise im Ozean spawnen und haben einige ganz besondere Eigenschaften 4.

Schildkröten ziehen seit dem Aquatic Update ihre Runden durch das Meer und besuchen gelegentlich ihren Heimatstrand. Selten kann man an Stränden versteckte Schätze finden, die ein ganz besonderes Geheimnis bergen.

Aber nicht alles in der neuen Unterwasserwelt ist hübsch und freundlich, denn es gibt auch neue feindliche Monster: Ertrunkene, die bei Nacht in den Tiefen des Ozeans spawnen und den Spieler mit einem Dreizack jagen 5.

Das Aquatic Update hält auch viele neue Blöcke bereit: Neben weiteren Holzstammsorten gibt es Pilzblöcke, Prismarinstufen und halbe Prismarinblöcke. In gefrorenen Ozean-Biomen kann

6

7

man blaues Eis finden. Auf dem Wasser treiben dort Eisberge, die aus verschiedenen Eissorten bestehen 6. Teilweise ist die Wasseroberfläche mit einer Eisschicht bedeckt.

Eine neue Wassermechanik sorgt dafür, dass das Wasser Blöcke richtig umfließt und nicht teilweise Luft in Stufen oder halben Blöcken zurücklässt. Der Spieler selbst kann sich in einer fließenden Schwimmbewegung im Ozean fortbewegen. Items schwimmen auf der Wasseroberfläche und sinken nicht mehr auf den Boden 7.

Mehr Details zum Aquatic Update gibt es in späteren Kapiteln in diesem Buch.

Unendlich viele Emeralds? Mit einer Emeraldfarm ist das kein Problem. Damit kann man sich alle Items von Dorfbewohnern kaufen, die man möchte. In dieser Bauanleitung wird aus dem Nichts ein künstliches Dorf mit Dorfbewohnern erzeugt. Mit den Dorfbewohnern kann man dann handeln und an Unmengen von Emeralds gelangen. Diese kann man im Anschluss gegen andere Gegenstände eintauschen, wie verzauberte Bücher oder Diamant-Equipment. Oder man kann sich einen Beacon mit einer Emeraldpyramide darunter craften.

Zu Beginn benötigt man nichts weiter als eine geeignete Fläche für das Dorf. Diese sollte mindestens 33x33 Blöcke groß sein und einen Abstand von 100 Blöcken zu anderen Dörfern in der Karte haben ❶. Falls bereits ein anderes Dorf in unmittelbarer Nähe existiert, wird das neugebaute Dorf von den Dorfbewohnern nicht anerkannt.

Auf der vorbereiteten Fläche werden künstliche Dorfbewohner-
häuser gebaut. Diese Häuser müssen optisch nicht besonders gut
aussehen, aber ihren Zweck erfüllen. Bei Bedarf kann man sie auch
schöner gestalten, sofern man nicht den Dorfregeln widerspricht.
Die Häuser bestehen zum größten Teil aus Türen und sind recht-
eckig, mit einer Seitenlänge von jeweils zwölf Blöcken. Die Ecken
sind aus Steinen gebaut und zwei Blöcke hoch ②. Darauf sitzt ein
flaches Dach.
Auf jeder Seite der Häuser befinden sich jeweils zehn Türen,
also insgesamt 40 Türen pro Haus. Die vielen Türen signalisieren
den Dorfbewohnern, sich zu vermehren. Die maximale Anzahl der
Dorfbewohner wird durch die Anzahl der Türen in einem Dorf bestimmt.

Allerdings kann man die Türen nicht einfach wild verteilen. Über
jeder Tür muss sich ein Block befinden, und vor die Tür muss von
oben Sonnenlicht scheinen können.
Durch ein gut gewähltes Dorfdesign lässt sich auch die Dorfmitte
besser planen. Diese wird für die Anleitung der Eisenfarm wichtig,
da Eisengolems immer in der Dorfmitte spawnen.

②

Mit jeweils fünf Blöcken Abstand zueinander kann man vier der oben beschriebenen Häuser auf die Baufläche setzen . Insgesamt werden dabei 160 Türen verbaut. Sobald die Türen platziert sind und sich jeweils ein Block darüber befindet, wird die Häusergruppe von Dorfbewohnern als Dorfstruktur erkannt.

Die Häuser kann man dann mit einer Mauer umgeben, damit feindliche Zombies in der Nacht nicht ins Dorf eindringen können und die Dorfbewohner töten oder in Dorfbewohnerzombies verwandeln.

Als Nächstes benötigt man Dorfbewohner, die das Dorf besiedeln und sich darin vermehren. Entweder man siedelt die Bewohner eines bereits bestehenden Dorfes um, man baut ein bestehendes Dorf um und reißt alle natürlichen Häuser ab, oder man erzeugt eigene Dorfbewohner. Dazu muss man warten, bis es Nacht ist. Gelegentlich werden neben normalen Zombies auch Dorfbewohnerzombies spawnen. Das geschieht unabhängig davon, ob ein Dorf in der Nähe ist oder nicht. Die Dorfbewohnerzombies kann man mit einem kleinen Trick heilen und in normale Dorfbewohner zurückverwandeln.

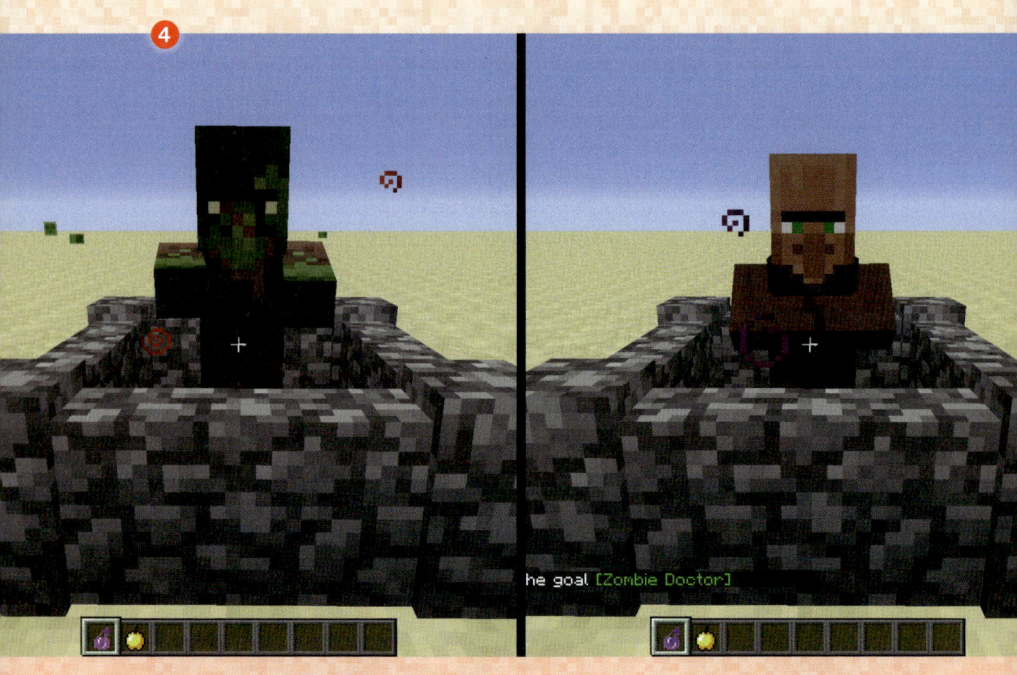

Man wirft sie mit einem werfbaren Trank der Schwäche ab und macht mit einem goldenen Apfel in der Hand einen Rechtsklick auf sie. Dann ist ein Geräusch zu hören, und der Apfel verschwindet aus der Hand. Der Dorfbewohnerzombie wird anfangen zu zittern und weiter Partikeleffekte von sich geben. Diese Phase dauert ein paar Minuten an, und nach einer Weile verwandelt er sich in einen Dorfbewohner ④. Dabei bekommt man auch das Advancement »Zombie Doctor«.

Wiederholt man diesen Vorgang mit einem weiteren Dorfbewohnerzombie, hat man den Grundstein für eine Farm gelegt. Die beiden Dorfbewohner werden das gebaute Dorf als ihr Zuhause anerkennen und sich vermehren, sofern man ihnen Essen zuwirft.

Das Besondere bei den Dorfbewohnern ist, dass sie Essen teilen. Wirft man einem Dorfbewohner besonders viel Essen zu, wird er es an andere Dorfbewohner weitergeben. Das geschieht so lange, bis jeder Dorfbewohner etwa gleich viel in seinem Inventar hat. Das Dorfbewohnerinventar ist für den Spieler allerdings nicht einsehbar. Man muss also schätzen, wie viel Essen ein Dorfbewohner noch übrig hat und gegebenenfalls etwas nachlegen. Falls einer der Dorfbewohner oder auch ein Nachkomme ein Farmer ist, kann sich das Dorf selbst mit Essen versorgen und vermehren, wenn man in der Nähe der Häuser Felder mit Getreide, Kartoffeln oder Karotten anlegt. Die Farmer ernten die Felder automatisch ab und bepflanzen sie neu ❺. Das Essen teilen sie dann wie bereits beschrieben mit den Dorfbewohnern.

Die Dorfbewohner vermehren sich so lange, bis ihre Anzahl 35 Prozent der gültigen Türen im Dorf ausmacht. Bei 160 Türen ist das eine Gesamtzahl von 56 Dorfbewohnern. Diese haben verschiedene Berufe und entsprechend unterschiedliche Handelsangebote für den Spieler.

❺

Beim Emeraldfarmen sind vor allem zwei Berufe besonders wichtig: Die Librarians mit dem weißen Kittel und die Farmer mit der braunen Robe können am besten für den Handel benutzt werden, da sie Items tauschen, an die man sehr leicht herankommt  ⑥. Es wäre beispielsweise nicht effizient, Items wie Kohle mit dem Blacksmith zu tauschen, da man die Kohle vorher unter Anstrengung selbst suchen muss. Die Librarians tauschen hingegen Papier gegen Emeralds, und Papier kann man einfach durch eine automatische Zuckerrohrfarm erhalten. Andererseits kann man auch mit einem Farmer Getreide, Kartoffeln und Karotten tauschen, die man sehr einfach besorgen kann. Entweder man legt große Felder an und erntet diese ab, oder man baut sich eine automatische Weizenfarm.

Möglicherweise ist auch der Cleric interessant, da er Rotten Flesh gegen Emeralds tauscht. Wenn man vorher bereits eine Goldfarm im Nether gebaut hat, bekommt man neben Gold auch jede Menge Rotten Flesh von den Zombie Pigmen. Der einzige Aufwand, den der Spieler aktiv betreiben muss, ist dann das Tauschen der Items gegen Emeralds.

Die Dorfbewohner tauschen nicht unbegrenzt Items. Nachdem man ein Handelsangebot ein paarmal angenommen hat, sperren es die Dorfbewohner ❼. Man kann es wieder freischalten, indem man andere Handelsangebote annimmt, die noch nicht gesperrt sind. Es ist allerdings nicht garantiert, dass das Annehmen eines anderen Angebots die gesperrten Angebote wieder freischaltet. Gegebenenfalls muss man es mehrfach probieren, bis um den Dorfbewohner herum Partikel erscheinen. Die Partikel signalisieren, dass die Angebote wieder freigeschaltet wurden. Daher kommt man durch das Emeraldfarmen auch an einige andere Items. Beim Tauschen mit Librarians kann man als Nebenprodukt Bücherregale und Glas bekommen. Teilweise muss man die frisch getauschten Emeralds verwenden, um gesperrte Angebote wieder freizuschalten. Das lohnt sich aber, da man immer mehr Emeralds bekommt, als man zum Freischalten der Angebote benötigt.

Nicht alle Dorfbewohner haben gleichwertige Angebote. Einige Angebote sind günstiger für den Spieler, da er mehr Emeralds für seine Ware bekommt. Wenn man Dorfbewohner mit schlechten Angeboten entfernen möchte, darf man sie allerdings nicht einfach töten. Der Spieler besitzt in jedem Dorf einen Ruf, und je mehr Dorfbewohner er angreift oder tötet, umso schlechter wird der Ruf des Spielers und umso schlechtere Angebote geben die Dorfbewohner. Der Ruf wird mit einem Wert zwischen 10 und -30 in jedem Dorf abgespeichert. Ab einem Ruf von -15 wird der Spieler auch von sonst eigentlich passiven Eisengolems angegriffen.
Wenn man einen Dorfbewohner angreift, reduziert sich der Wert um eins. Wenn man einen Dorfbewohner tötet, sinkt er um zwei. Wenn man einen Baby-Dorfbewohner angreift, sinkt er um drei,

8

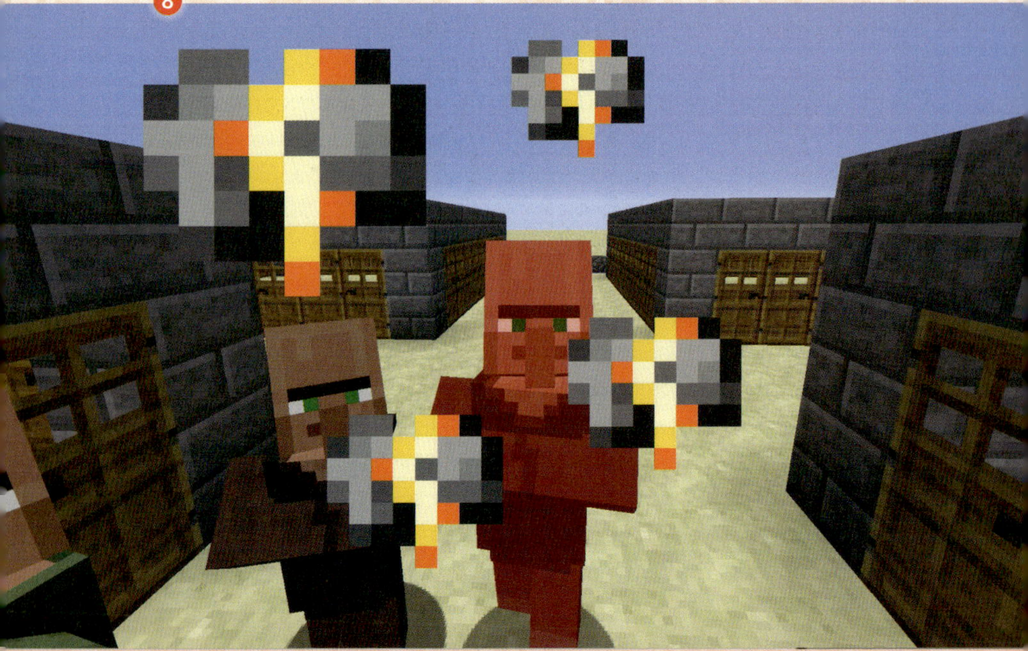

9

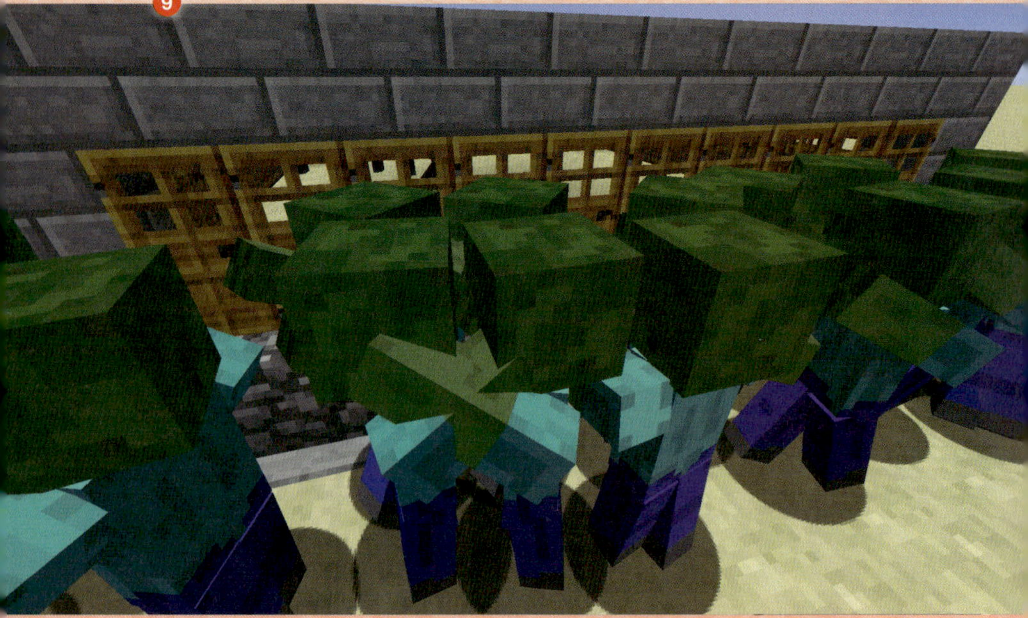

und wenn man einen Eisengolem des Dorfs tötet, sinkt der Wert gleich um fünf. Der betroffene Dorfbewohner zeigt den gesunkenen Ruf mit Partikeln an ❽. Um den Ruf zu verbessern, muss man das letzte Handelsangebot in der Tauschliste eines Dorfbewohners annehmen. Das erhöht den Wert erneut um eins. Damit man gute Angebote bekommt und effektiv seine Ware eintauschen kann, ist es demnach wichtig, einen guten Ruf im Dorf zu behalten.

Um nicht brauchbare Dorfbewohner zu entfernen, kann man diese mit einem Lavaeimer töten. Der Dorfbewohner stirbt, ohne dass der Spieler ihn angreifen muss. Man sollte auch die grünen Dorfbewohner auf diese Weise entfernen, da sie generell keine Tauschangebote haben und nichts zur Emeraldfarm beitragen.

Zur Sicherheit des Dorfes sollte man einiges beachten. Gelegentlich können bei Dörfern Zombieraids stattfinden. Dabei spawnt ohne Vorwarnung eine Horde Zombies in der Nähe. Je nach Dorfgröße können die Zombies auch innerhalb der Mauern des Dorfs spawnen. Falls das passiert und die Dorfbewohner in Gefahr sind, kann man entweder das Dorf kleiner bauen oder die wichtigen Dorfbewohner, mit denen man bevorzugt handelt, sicher mit Blöcken einbauen. So kommt kein feindlicher Zombie an sie heran, um sie zu infizieren oder zu töten ❾.

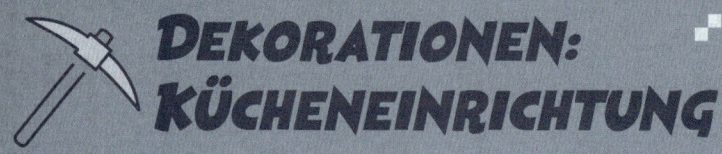

DEKORATIONEN: KÜCHENEINRICHTUNG

Es gibt viele Möglichkeiten, ein Minecraft-Haus mit Dekorationen aufzuwerten. Man kann beispielsweise die Räume so einrichten, dass sie sehr realistisch aussehen: eine Garage mit Auto, eine Küche, ein Badezimmer und ein Schlafzimmer. Im Folgenden schauen wir uns einige Ideen für eine Küche an.

In der Küche darf ein Kühlschrank natürlich nicht fehlen, daher gibt es hierzu eine Anleitung. Aus einem hellen Quarzblock, einem Dispenser, einem Button und einer Eisentür kann man sich sogar einen funktionierenden Kühlschrank bauen. Zuerst platziert man den Quarzblock und darauf den Dispenser. Der Dispenser muss in die Richtung zeigen, in die später das Essen ausgeworfen wird. Der Button gehört danach an die Seite des Dispensers. Die Eisentür wird vor die eben gebaute Konstruktion gesetzt ❶.

Falls jemand den Knopf drückt, öffnet sich die Eisentür für einen kurzen Moment und der Dispenser wirft Essen aus, welches man natürlich vorher dort hineingelegt hat. Nachdem das Redstone-Signal des Buttons verschwunden ist, schließt sich die Tür wieder. Das Ganze kann man nach Belieben wiederholen, solange sich Essen im Kühlschrank befindet. Damit haben wir nicht nur einen reinen Dekorationsgegenstand gebaut, sondern er hat auch noch eine Funktion.

Als Nächstes kommen wir zum Kochbereich. Wir können eine Kochnische an eine Wand setzen oder aber frei in den Raum stellen. Dafür brauchen wir Öfen, Steindruckplatten, einige Pistons, grauen Teppich und Eisenblöcke. Die Menge ist abhängig von der Größe der Kochzeile. Zunächst werden die Öfen gesetzt und darauf die Druckplatten als Herdplatten. Die Öfen werden mit nach oben ausgerichteten Pistons umrandet, auf die der graue Teppich platziert wird. Über die Kochfläche gehört natürlich eine Dunstabzugshaube, die mit dem restlichen Teppich und den Eisenblöcken gebaut wird. Die Eisenblöcke führen von der Raumdecke nach unten und sollen eine Art Rohr nachbilden. Über die Kochfläche mit den Druckplatten wird eine zweite Ebene mit Teppich gelegt, der mit dem Rohr verbunden wird. Nun haben wir zumindest optisch eine Dunstabzugshaube ❷.

Außerdem wird in der Küche eine Spüle benötigt. Diese kann man mit Stufen, Blöcken, Haken und Bannern gut zusammenbasteln. Die Haken funktionieren als Wasserhähne. Die Stufen platziert man so, dass durch die Wand in Kombination mit der Stufe ein kleiner Hohlraum entsteht. Diesen kann man seit dem Aquatic Update mit Wasser füllen. An die Seiten werden normale Blöcke gestellt, damit das Wasser nicht herausfließt. Bei den Blöcken und Stufen kann man das Material auswählen. In meinem Beispiel habe ich Stufen aus Quarz verwendet ❸. Vorn an das Waschbecken kann man ein weißes Banner setzen. Dieses wird, wenn man es einen Block über dem Boden an einen anderen hängt, in der Mitte abgeschnitten, so dass es wie ein hängendes kleines Handtuch aussieht.

Mit zwei Trichtern, die in Richtung der Wand zeigen, kann man ebenfalls eine Art Waschbecken bauen ❹. Auch hier gibt es wieder Haken als Wasserhähne. Alternativ zu den Haken kann man aber auch Schalter verwenden.

Es können sogar weitere Details in der Küche hinzugefügt werden, wie beispielsweise Essen oder Tassen. Natürlich gibt es so etwas nicht in Form von Items im Spiel, aber es gibt eine andere Möglichkeit. Als Minecraft-Spieler kann man seinen Skin, also das Aussehen seiner Figur, selbst erstellen. Und im Spiel kann man Köpfe

von allen Spielern, die existieren, mit einem Befehl einfügen. Einige
Spieler haben aus ihren Köpfen einen Gegenstand gebastelt, den
man sich so als Dekoration in die eigene Welt holen kann. Es gibt
im Internet einige Sammlungen mit Beispielköpfen, die für solche
Dekorationen bereitgestellt wurden. Da kann sich jeder selbst um-
schauen und geeignete Köpfe auswählen. Ich habe mich in meinem
Fall für einen Burger und einen Donut entschieden ⑤.

Um leere Flächen in der Küche zu füllen, kann man ein kleines Kräuterbeet als Dekoration verwenden. Dazu braucht man Podzol, Falltüren und etwas Gras. Gras bekommt man, indem man es vorher mit einer Schere in der Wildnis abbaut. Man setzt das Podzol und platziert an den Seiten die Falltüren. So sieht es nach einem kleinen Holzkasten aus. Obendrauf kommt das Gras, und mit ein wenig Fantasie hat man ein Kräuterbeet gebaut ➏.

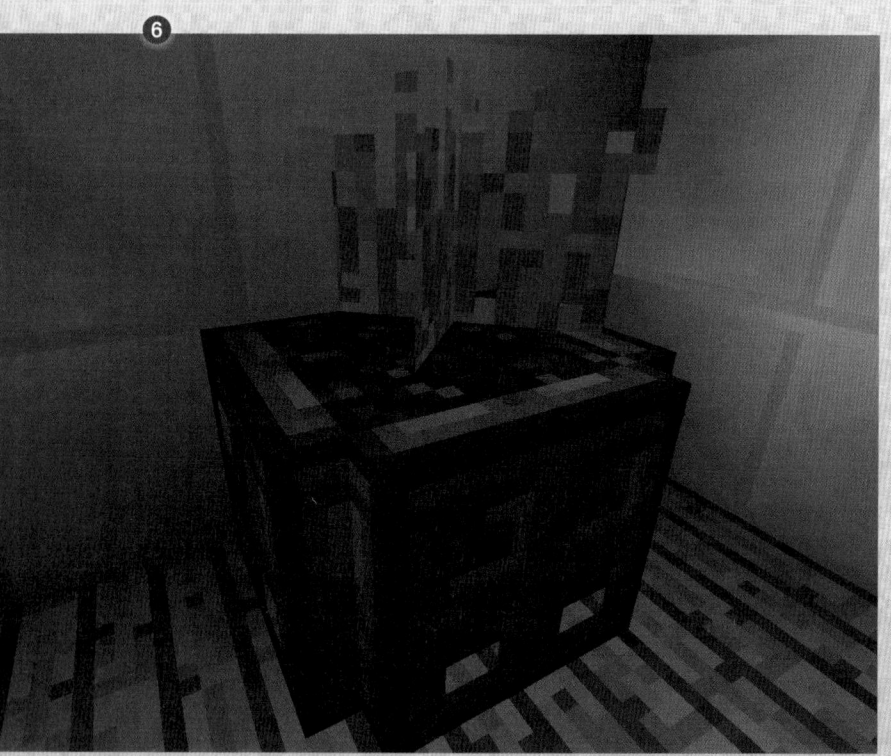

5 DINGE IN MINECRAFT, DIE DU NOCH NICHT WUSSTEST! #02

NEW

①

Getrockneter Seetang ist eine sehr einfach zu bekommende Nahrungsquelle. Er regeneriert zwar die Hungerleiste nicht so stark wie Fleisch, aber er hat trotzdem eine Besonderheit: Man kann ihn viel schneller essen als andere Nahrungsmittel ①. Während des Spiels fällt es vielleicht nicht sofort auf, allerdings ist das ein deutlicher Vorteil gegenüber den meisten anderen Nahrungsmitteln.

Der Effekt eines aktiven Aquisators (Conduit) wirkt normalerweise nur auf Spieler, die sich unter Wasser befinden. Allerdings können auch Spieler außerhalb des Wassers den Effekt nutzen . Dazu muss es regnen und der Spieler muss sich noch in Reichweite des Conduits befinden. Der Conduit-Effekt ist also nicht an Spieler unter Wasser gebunden, auch wenn man außerhalb des Wassers nicht viel mit der Unterwasseratmung anfangen kann.

Der Spieler hat die Möglichkeit, künstlich Podzol zu erzeugen. Falls man kein passendes Biom zur Hand hat, in dem diese Blöcke natürlich erscheinen, ist das eine praktische Lösung. Man benötigt vier Fichtensetzlinge, die man im 2x2er-Format auf den Boden setzt ❸.

Gibt man Knochenmehl auf die Setzlinge, entsteht ein großer Fichtenbaum mit einem 2x2 Block großen Stamm. Um den Stamm herum werden alle Grasblöcke in Podzol verwandelt ❹.

Dieser Trick funktioniert erst seit dem Aquatic Update. Und auch nur dann, wenn man die großen Bäume aus vier Setzlingen züchtet. Die kleinen Bäume verwandeln die Umgebung nicht. Neben Gras werden auch Erde und grobe Erde verwandelt. Steine und Holz werden nicht ersetzt.

Mit einem Trank des langsamen Falls kann man sehr einfach Fall-schaden vermeiden. Der Spieler sinkt langsamer zu Boden und kann sogar weiter springen. Wenn man den Trank trinkt und dann mit einer Elytra fliegt, ist der Effekt noch wesentlich stärker. Im Elytraflug kann man fast unbeweglich in der Luft stehen. Man kommt nur sehr langsam voran und fliegt wie in Zeitlupe ❺.

Gelegentlich spawnen auch Zombies, die vom Spieler fallen ge-lassene Items aufnehmen können. Ein besonderes Problem hat man, wenn der Zombie neben Rüstungen und Waffen ein Totem der Unsterblichkeit aufnimmt. Dieses kann man nicht mehr wie-derbekommen ❻.

Versucht man, den Zombie zu töten, damit er die Items fallen lässt, wird der Effekt des Totems ausgelöst und er beschützt den Zombie vor dem Tod. Dabei fliegen Partikel durch die Gegend und der Zom-bie bekommt Regeneration ❼. Das Totem der Unsterblichkeit gilt also nicht nur für Spieler, sondern auch für Zombies.

6

7

Falls man das mal ausprobieren möchte, kann man sich einen dieser speziellen Zombies mit einem Befehl holen:
/summon minecraft:zombie ~ ~ ~ {CanPickUpLoot:1b}
Er sollte das Totem auf Anhieb einsammeln können, und wenn man
versucht ihn zu töten, wird es ausgelöst.

AQUATIC UPDATE: FISCHE

Fische, die ursprünglich nur mit der Angel gefangen werden konnten, sind nun endlich als passive Kreaturen eingefügt worden. Es werden fünf Arten unterschieden, wenn die Delfine mitgezählt werden: Kabeljau, Lachse, Kugelfische, tropische Fische und Delfine. Tatsächlich sieht es so aus, als würde es noch weitere Fischarten geben. Das liegt an den verschiedenen Varianten der tropischen Fische ❶. Diese können in Form, Farbe und Muster mehr als 1.000 Kombinationen hervorbringen.

❶

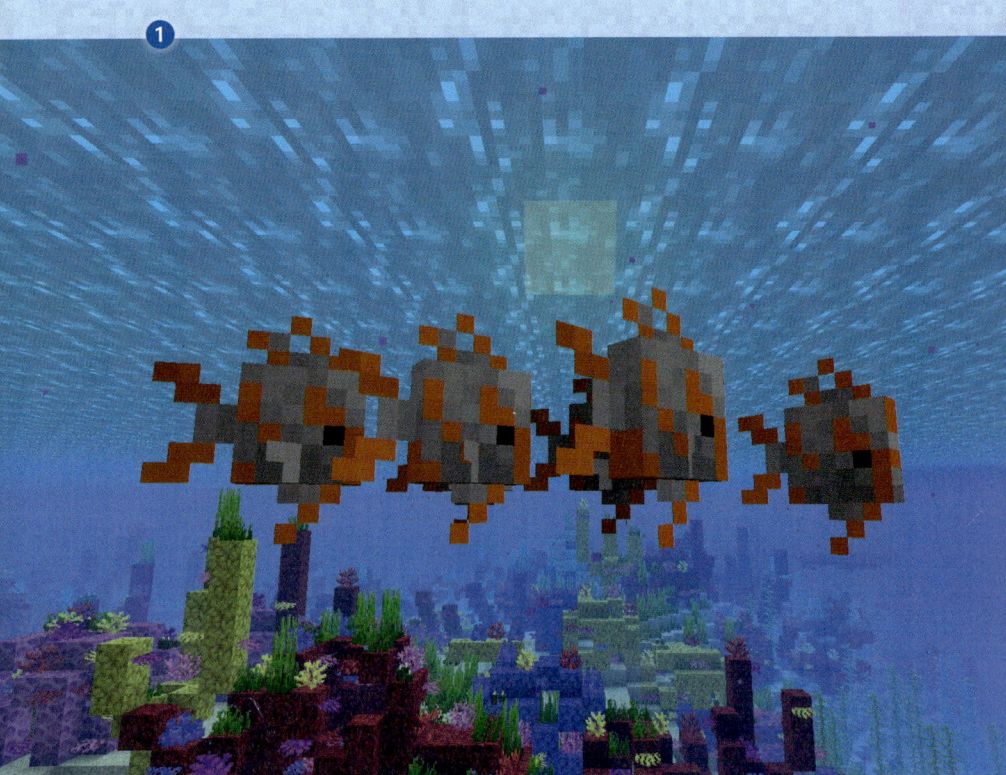

Fische suchen sich immer Artgenossen und schwimmen in einem Schwarm durch Meere und Flüsse . Delfine kommen ebenfalls in Gruppen vor, aber sie hängen nicht so dicht aneinander, wie es die kleineren Fische tun. Ein Fisch in der Gruppe ist der Anführer, und alle weiteren Fische derselben Art folgen ihm. Kabeljau und tropische Fische haben eine Schwarmgröße von maximal neun Tieren, bei den Lachsen sind maximal sieben Tiere zusammen. Kugelfische schwimmen in der Regel allein durch den Ozean.

Die Fische spawnen abhängig von der Temperatur der Biome. Einige Fische mögen es wärmer, andere dagegen kälter. Die Temperaturen der Ozeane liegen in den Bereichen warm, lauwarm, normal, kalt und gefroren.

Kugelfisch: *warm bis lauwarm*
Tropischer Fisch: *warm bis lauwarm*
Lachs: *kalt bis gefroren*
Kabeljau: *lauwarm bis kalt*
Delfin: *warm bis kalt*

Lachse sind demnach die einzigen Fische, die sich nicht in warmen Ozeanen wohlfühlen. Im Gegensatz zu den anderen Fischen können sie allerdings in normalen und gefrorenen Flüssen spawnen, da sie auch im »Süßwasser« überleben können ❸.

Kugelfische haben eine Besonderheit: Wenn sich ein Spieler einem Kugelfisch nähert und näher als fünf Blöcke an ihn herankommt, vergrößert sich der Fisch mit einem »Plopp«-Geräusch und fährt seine Giftstachel aus ❹. Falls ein Spieler diese berührt, bekommt er für sieben Sekunden den Vergiftungseffekt und verliert dadurch 2,5 Herzen. Außerdem bekommt er Schaden durch den Stich selbst. Dieser bewegt sich zwischen einem und zwei Herzen, abhängig von der Schwierigkeitsstufe. Entfernt sich der Spieler wieder von dem Kugelfisch, verkleinert dieser sich nach kurzer Zeit wieder.

Alle Fische – außer Delfine – können mit einem Eimer eingesammelt werden. Dazu füllt man den Eimer zunächst mit Wasser und klickt im Anschluss auf den Fisch. So kann man den Fisch in seinem Inventar mit sich herumtragen ❺ und woanders wieder absetzen.

❸

Das Besondere dabei ist, dass ein Name Tag bestehen bleibt, wenn man den Fisch aufnimmt und wieder absetzt. Allerdings sollten Fische nur ins Wasser platziert werden, da sie an Land ziemlich schnell sterben. Sie zappeln auf der Seite und bekommen langsam Schaden. Sie haben auch nur 1,5 Herzen Lebenspunkte und halten daher nicht lange durch.

Delfine sind im Vergleich zu den anderen Fischen intelligentere Tiere mit mehr Mechaniken. Sie haben auch ein anderes Verhalten: Ihre Bewegungen sind sehr spielerisch. Falls ein Spieler ein Item fallen lässt, werden die Delfine darauf aufmerksam. Sie schwimmen zu dem Item und schubsen es mit ihrer Nase durchs Wasser. Sie springen in regelmäßigen Abständen aus dem Wasser, wenn sie sich knapp unter der Wasseroberfläche befinden **6**. Dabei können sie auch über Hindernisse springen. Außerdem versuchen sie, dem Spieler zu folgen, wenn er in einem Boot über das Wasser fährt.

6

7

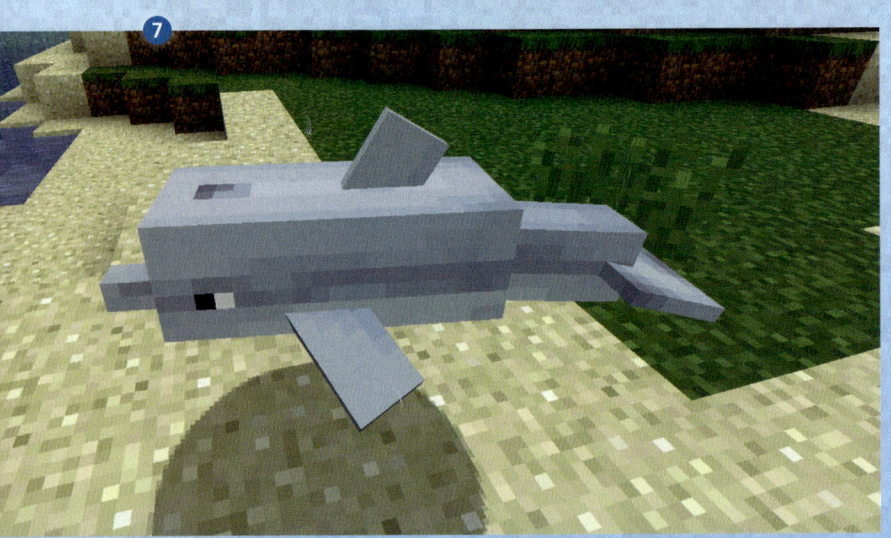

Delfine sind sehr friedlich, allerdings können sie sich selbst gut verteidigen. Wenn sie von einem Spieler angegriffen werden, wehren sie sich in der Gruppe. Das funktioniert ähnlich wie bei den Zombie Pigmen im Nether. Wenn ein Tier angegriffen wird, stürmt gleich der ganze Schwarm auf den Spieler los. Dabei machen sie zwischen einem und zwei Herzen Schaden pro Schlag, abhängig von der Schwierigkeitsstufe.

Delfine können nicht ewig lange tief im Wasser bleiben. Sie müssen atmen und können ertrinken, wenn sie die Oberfläche lange nicht besucht haben. An Land halten sie länger durch als andere Fische, aber auch dort würden sie nach einiger Zeit sterben **7**.

Ansonsten kann man Delfine auch mit rohen Fischen füttern. Es werden Partikel angezeigt und die Delfine führen den Spieler zu einer nahe gelegenen Schatzkiste. Wenn die Schatzkiste vom Spieler zerstört wird, peilt der Delfin die nächste Kiste an. Manchmal funktioniert diese Mechanik aber nicht so zuverlässig, da der Delfin auch mal steckenbleiben kann, wenn sich Landmasse zwischen der Zielkiste und dem Delfin befindet.

Fische muss man nicht mehr selbst angeln. Seit sie als Mob im Wasser schwimmen, gibt es dafür automatische Farmen. Das Angeln mit der Angelrute ist nur noch nötig, um Schätze zu bekommen, wie beispielsweise verzauberte Bücher oder Nautilusschalen. Für eine Fischfarm braucht man beliebige Baublöcke: Wasser, Soul-Sand-Blöcke, Hopper und Kisten ❶. Falls man in die Farm hineinschauen möchte, werden noch Glasblöcke benötigt.

Die Farm muss über einem Ozean in der Luft positioniert werden. Fische spawnen in Ozean-Biomen, und abhängig von den Fischarten, die man haben möchte, muss das Biom gewählt werden. In warmen Biomen gibt es keine Lachse, in kalten Biomen keine Kugelfische oder tropische Fische.
Der Abstand zur Ozeanoberfläche beträgt mindestens 75 Blöcke ❷, damit im Ozean keine Fische spawnen können. Das würde die Leistung der Farm verringern. Die gesamte Spawn-Leistung der Karte wird auf die Farm geballt.

❶

Man beginnt mit dem Boden der Farm. Dieser bildet die Grundfläche und kann beliebig in die Länge gezogen werden. Die Breite
sollte immer neun Blöcke betragen, damit die Wasserströme, die
acht Blöcke weit reichen, später Platz haben. Die Grundfläche wird
aus Soul Sand und Baublöcken gebaut, die im Schachbrettmuster
angeordnet werden. An den Außenkanten werden normale Baublöcke verwendet ❸. Das Schachbrettmuster kommt zusammen,
da Fische nicht in Blasenströmen spawnen können, sondern nur
im ruhigen Wasser. Wenn sie dann in der Farm umherschwimmen,
werden sie von einem benachbarten Blasenstrom erwischt.

❷

❸

Im Beispiel wird eine transparente Farm gebaut, daher werden für die Wände Glasblöcke benutzt. Über die Baublöcke wird ein Glasrahmen gezogen, der beliebig hoch gezogen wird. Die Menge der Fische, die in der Farm spawnt, ist abhängig vom Volumen der Farm. Der Spieler kann entsprechend entscheiden, wie hoch und lang er die Farm baut. Im Beispiel ist die Farm zwölf Blöcke hoch ❹.
Sie sollte allerdings nicht zu groß werden. Wenn sich zu viele Blasenströme in der Umgebung befinden, verursacht das Probleme mit der Spiel-Performance. Das Spiel könnte eine geringere FPS-Rate bekommen.

❹

Nun muss man sich entscheiden, welche Seite der Farm die Vorder- und welche die Rückseite wird. Auf das Glas werden mit Baublöcken noch mal drei Ebenen gesetzt, die zur Vorderseite hin geöffnet sind ❺. Das soll verhindern, dass Fische seitlich aus der Farm hüpfen. Die Blasenströme können die Fische teilweise weit aus dem Wasser springen lassen.

5

Auf Höhe der letzten Glasebene wird die Fläche kurzzeitig komplett mit Blöcken gefüllt. Darauf werden an der Rückseite der Farm Wasserquellblöcke gesetzt, die einen Wasserstrom bilden, der alles zur Vorderseite schwemmt. Fische, die mit den Blasenströmen nach oben getrieben werden, werden so zur Seite und zu den Hoppern geschwemmt **6**. Der Wasserstrom schließt genau mit den Glasblöcken ab.

6

Im Anschluss werden die Hilfsblöcke wieder entfernt. Das Wasser fließt bis zum Boden der Farm, und die Blasenströme werden aktiviert ❼. Entfernt sich der Spieler etwa 25 Blöcke von der Farm, fangen die ersten Fische an zu spawnen. Sie werden oben seitlich aus der Farm geschwemmt.

Nun fehlt noch eine Sammelstation für die Fische, so dass die Items eingesammelt werden können. An der Vorderseite wird ein Fallschacht gebaut, an dessen unterem Ende sich eine Hopperreihe befindet. Der Fallschacht ist einen Block breit und genauso lang wie die Farm ❽.

Die Hopper werden so gesetzt, dass sie alle in Richtung der Sammelkiste zeigen. Fische bekommen Fallschaden, wenn sie auf die Hopper fallen, und falls das nicht ausreicht, ersticken sie nach einer Weile, da sie sich ja nicht mehr im Wasser befinden ❾.

Damit die Farm funktioniert, muss sich der Spieler in einer Entfernung von 25 Blöcken über oder neben der Farm befinden. Unterhalb der Farm geht es nicht, da dann Fische im Ozean spawnen können, die die Spawn-Leistung der Farm reduzieren. Der Spieler kann sich eine sichere Warteplattform bauen und der Falle zuschauen **10**.

5 DINGE IN MINECRAFT, DIE DU NOCH NICHT WUSSTEST! #03

Mit dem Freischalten von Fortschritten bekommt der Spieler zusätzliche Erfahrungspunkte. Ganz gut beobachten kann man das, wenn man sich mit einem Befehl alle Fortschritte auf einen Schlag gibt. Der Befehl dazu ist:

/advancement grant @Spielername everything

Dadurch werden alle 571 Fortschritte freigeschaltet. Es wird dabei Musik abgespielt, und die Gesamtlevelanzahl, die man bekommen kann, liegt bei 36 Leveln ❶.

❶

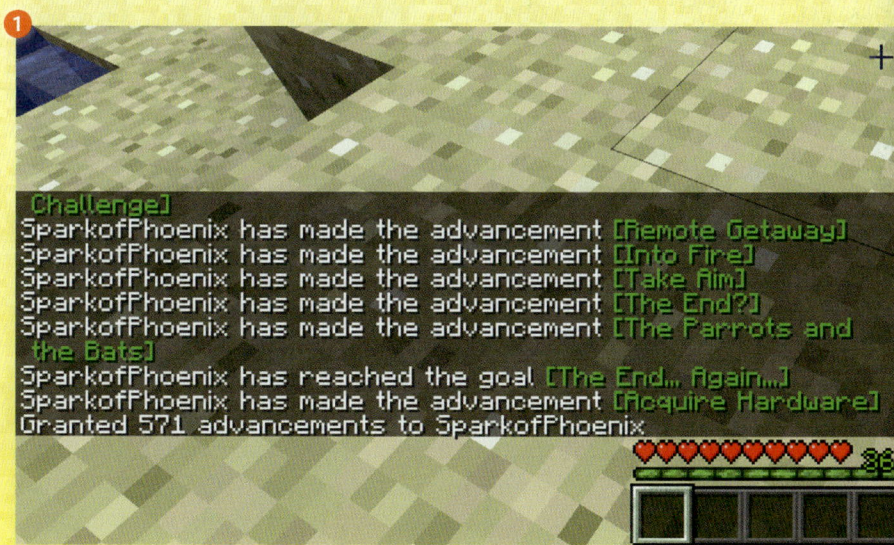

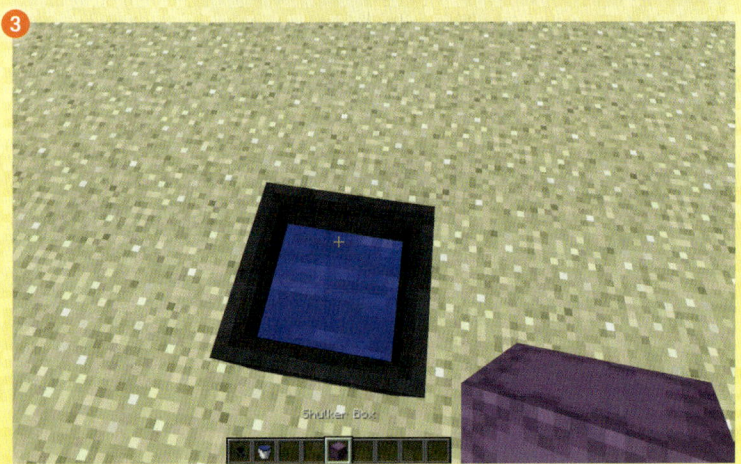

Shulkerkisten können vom Spieler mit Farbstoffen eingefärbt werden. Mit einem Kessel lässt sich dieser Vorgang wieder rückgängig machen. Seit dem Aquatic Update kann man mit gefärbten Shulkerkisten auf einem gefüllten Kessel einen Rechtsklick machen ❷ und die Farbe wäscht sich wieder ab ❸. Die Standardfarbe der Shulkerkiste ist das gleiche Lila, das auch das Shulkermonster besitzt. Wenn man die Farbe einer Shulkerkiste abwäscht, nimmt der Füllstand des Kessels ab. Insgesamt kann man drei Kisten abwaschen, bis der Kessel leer ist.

You can sleep only at night and during thunderstorms

Viele Spieler versuchen es gänzlich zu vermeiden, und deswegen wurden unter anderem auch die Phantome eingeführt: das Schlafen. Allerdings gibt es nun eine Möglichkeit, am Tag zu schlafen, nämlich während eines Gewitters. Mit dem Update 1.13 wurde die Nachricht aktualisiert, die erscheint, wenn man am Tag ein Bett anklickt. Dort wird nun ebenfalls auf Gewitter hingewiesen ④.

Schafe lassen bis zu drei Wollblöcke fallen, wenn sie mit einer Schere geschoren werden. Mit einem kleinen Trick kann man aber bis zu vier Wollblöcke aus einem Schaf bekommen. Dafür muss das Schaf allerdings getötet werden, denn dabei lässt es ebenfalls einen Wollblock fallen. Wenn man das Schaf tötet und während der Sterbeanimation das bereits tote Schaf mit einer Schere rechtsklickt, kann man es im Fallen noch einmal scheren ⑤.

Somit bekommt man einen Wollblock als Loot und bis zu drei weitere Blöcke durch die Schere. Am besten hält man die Schere in der Zweithand und das Schwert in der normalen Hand ⑥. So muss man nicht in der Hotbar zwischen den Items wechseln.

Die Verzauberung Frostwalker ermöglicht es dem Spieler, Wasser zu Eis gefrieren zu lassen, wenn er darüberläuft. Man kann damit also schlichtweg über Wasser laufen. Die Besonderheit bei der Verzauberung ist, dass der Spieler im Nether über Magmablöcke laufen kann, ohne Schaden zu bekommen.
Der Schaden durch Magmablöcke ist auch vermeidbar, indem der Spieler darüberschleicht. Mit der Verzauberung auf den Schuhen muss der Spieler aber nichts weiter beachten und kann einfach über die Blöcke laufen ⑦.

AQUATIC UPDATE: ERTRUNKENE UND PHANTOME

Als neue feindliche Monster gibt es Phantome und Ertrunkene. Beide Monster haben einige Besonderheiten, die es so vorher noch nicht im Spiel gab. Die Ertrunkenen sind Unterwassermonster, während das Phantom ein fliegendes Monster ist.

Ertrunkene können in Ozeanen, Flüssen oder Sumpf-Biomen auf natürliche Weise unter Wasser spawnen. Im Gegensatz zu den meisten anderen Monstern sinken sie allerdings auf den Boden des Gewässers und können sich dort bewegen ❶. Wenn ein Spieler in die Nähe kommt, können sie aber auch schwimmen und laufen nicht nur am Boden. Sie sind grundsätzlich feindliche Monster und greifen den Spieler in der Nacht sowie am Tag an.

Ertrunkene können mit verschiedenen Gegenständen in den Händen spawnen. Entweder sie haben einen Dreizack in der Hand , eine Angelrute oder eine Nautilusschale. Die Ertrunkenen mit dem Dreizack können diesen auch werfen und nutzen den Gegenstand als Fernkampfwaffe. Die Wahrscheinlichkeit zum Spawnen der Monster mit einem Gegenstand in der Hand liegt bei 15 Prozent für einen Dreizack, bei 2 Prozent für die Angelrute und bei 3 Prozent für die Nautilusschale.

Die Wahrscheinlichkeit, dass der Ertrunkene das Item fallen lässt, liegt bei 8,5 Prozent. Die Glücksverzauberung auf einer Waffe erhöht die Chance um 1 Prozent je Verzauberungslevel.

Ertrunkene spawnen allerdings nicht nur natürlich, sondern können auch entstehen, wenn Zombies ertrinken. Die Zombies müssen dafür für 30 Sekunden komplett unter Wasser sein. Im Anschluss beginnt der Verwandlungsprozess. Sie fangen an zu vibrieren, was so ähnlich aussieht wie der Heilprozess von Dorfbewohnerzombies. Nach weiteren 15 Sekunden verwandeln sie sich mit einem Geräusch in Ertrunkene. Zombies schwimmen seit dem Aquatic Update nicht mehr an der Wasseroberfläche, sondern sinken immer auf den Meeresgrund. Man kann sie daher sehr einfach in Ertrunkene verwandeln ③.

Seit dem Aquatic Update können auch einige andere Monster nicht mehr an der Wasseroberfläche schwimmen. Das betrifft vor allem untote Monster, wie Zombie Pigmen, Skelette, Skelettpferde, Witherskelette und die bereits genannten Zombies und Ertrunkenen. Falls diese Monster in einen Ozean fallen, sinken sie sofort auf den Meeresgrund ④.

Die Ertrunkenen können allerdings nachts aus dem Wasser herauskommen. Wenn ein Spieler am Ufer steht, ist es durchaus möglich, dass die Monster aus der Tiefe an Land gehen und sich erst am Morgen, wenn die Sonne aufgeht, ins Meer zurückziehen ❺. So muss man nachts auch an vermeintlich sicheren Stränden aufpassen.

Der Dreizack ist eine besondere Waffe, die von den Ertrunkenen zu bekommen ist. Sie ist sowohl Nahkampf- als auch Fernkampfwaffe. Wie gut eine Waffe ist, hängt immer mit der Kombination aus Angriffsschaden und Angriffsgeschwindigkeit zusammen. Der Dreizack hat eine Angriffsgeschwindigkeit von 1,1 und macht 9 Schaden ⑥. Eine Diamantaxt hat im Vergleich dazu nur eine Angriffsgeschwindigkeit von 1 und ebenfalls einen Schadenswert von 9. Der Dreizack ist damit eine bessere Waffe als die Diamantaxt, da er bei gleichem Schaden schneller zustoßen kann.

Ein weiterer Vorteil ist, dass der Dreizack relativ einfach zu bekommen ist. Man braucht keine teuren Materialien wie Diamanten zum Craften, sondern man kann ihn von den Ertrunkenen erfarmen. Die Haltbarkeit der gedroppten Dreizacke ist nicht immer voll, aber man kann einen Dreizack mit einem weiteren Dreizack am Amboss reparieren. Oder aber man verzaubert den Dreizack mit der Reparaturverzauberung, denn dann wird die Haltbarkeit wiederhergestellt, wenn man Erfahrungspunkte einsammelt.

Nun stellt sich die Frage, ob der Dreizack auch eine bessere Waffe als das Diamantschwert ist ⑦. Dazu müssen einige Berechnungen gemacht werden. Um einen reinen Schadensvergleich zu machen, müssen die Schaden pro Sekunde (DPS-Werte) ausgerechnet werden. Dieser Wert ergibt sich aus der Angriffsgeschwindigkeit

multipliziert mit dem Schadenswert. Bei der Schaufel ist das besonders einfach zu berechnen, da sie die Angriffsgeschwindigkeit 1 hat. Sie richtet also sekündlich ihren ausgewiesenen Schadenswert am gegnerischen Monster an, unter der Voraussetzung, dass der Angriff perfekt ausgeführt wird. Das Diamantschwert kommt nach dieser Berechnung auf 11,2 DPS, während der Dreizack auf 9,9 DPS im Nahkampf kommt. Allerdings muss man beim Dreizack auch seine Fernkampfeigenschaft positiv beurteilen.

Der Dreizack kann mit der rechten Maustaste geworfen werden. Dabei muss er ähnlich wie der Bogen erst »aufgezogen« werden. Bei maximaler Wurfkraft verursacht er am Monster acht Schadenspunkte. Das ist weniger, als ein normaler unverzauberter Bogen verursachen würde. Dieser macht in der Regel 9 Schaden und

8

mit einer Wahrscheinlichkeit von 20 Prozent sogar 10 Schaden. Während dem Schwungholen hebt der Spieler die Hand mit dem Dreizack über den Kopf 8. So können andere Spieler sehen, wenn die Waffe geworfen wird.

Falls man als Spieler möglichst viel Schaden in möglichst kurzer Zeit anrichten will, sollte man beim Diamantschwert bleiben. Benötigt man eine gute Universalwaffe, die die belegten Slots in der Hotbar reduziert, sollte man zum Dreizack greifen. Mit einer Verzauberung gibt es sogar die Möglichkeit, den Dreizack nicht nach jedem Wurf wieder einsammeln zu müssen 9. Weitere Details hierzu gibt es in einem späteren Kapitel. Wenn allerdings maximal verzauberte Diamantschwerter und Dreizacke verglichen werden, schneidet das Diamantschwert eindeutig besser ab. Die Verzauberung auf dem Dreizack, die den Schaden erhöht, gilt nur für Monster und Tiere, die unter Wasser leben. Bei normalen Monstern an Land wird der Schaden nicht erhöht.

Trident
Impaling V

When in main hand:
1.1 Attack Speed
9 Attack Damage
minecraft:trident
NBT: 1 tag(s)

Phantome sind auch ganz besondere Monster. Sie spawnen nur, wenn ein Spieler drei Nächte lang nicht geschlafen hat. Damit ist natürlich der Tag- und Nachtzyklus des Spiels gemeint. Ab der vierten Nacht können sie über dem Spieler in der Luft erscheinen ❿. Die Wahrscheinlichkeit dafür steigt, je länger ein Spieler nicht schläft. Als generelle Voraussetzung gilt außerdem, dass der Spieler keine soliden Blöcke über sich hat. Er muss sich also unter freiem Himmel und über dem Meereslevel befinden.

Phantome spawnen in Gruppen von ein bis vier Monstern. Sie haben wie die meisten anderen Monster 20 Lebenspunkte und verursachen durch ihre Angriffe auf den drei Schwierigkeitsstufen jeweils vier, sechs und neun Schadenspunkte am Spieler.
Wenn Phantome sterben, können sie eine Phantomhaut fallen lassen ⑪. Dieses Item wird seit dem Aquatic Update zum Reparieren von Elytren verwendet.

Das Verhalten der Phantome zeichnet sich durch einige besondere Eigenschaften aus. Sie sind die ersten untoten fliegenden Monster. Wenn Sonnenlicht auf sie fällt, fangen sie an zu brennen ⑫. Während des Flugs ziehen sie eine leichte Rauchspur hinter sich her und stoßen bei ihren Angriffen immer wieder auf den Spieler herunter. Falls das Phantom in seinem Sturzflug gestoppt wird, dreht es ab und versucht, einen neuen Anflug einzuleiten.

Es ist möglich, mit Hilfe eines Befehls die Größe des Phantoms zu ändern. Das funktioniert ähnlich wie das Beschwören der Monster bei Slimes. Der Befehl dazu ist:

/summon minecraft:phantom ~ ~ ~ {Size:50}

In dem Befehl ist die Größe mit der Zahl 50 angegeben, man kann sie allerdings noch weiter erhöhen. Der Unterschied zwischen einem Phantom in normaler Größe und einem Phantom der Größe 50 wird auf dem Bild unten ganz gut veranschaulicht ⓭. Das »kleine« Phantom hat Normalgröße und befindet sich direkt über dem großen Phantom. Es sieht fast so aus, als würde es weiter hinten fliegen, das ist aber nicht der Fall.

Ab einer bestimmten Größe verursacht ein Phantom allerdings Performance-Schwierigkeiten im Spiel. Außerdem wird es aus verschiedenen Blickwinkeln unsichtbar. Daher gibt es ein spielbedingtes Limit bei der einstellbaren Größe.

⓭

TECHNIK: DREIZACKFARM

An einem normalen Zombie-Spawner kann eine Dreizackfarm gebaut werden. Zumindest hat das in den Prerelease-Versionen des Aquatic Updates perfekt funktioniert. Als das Update am 18.07.2018 veröffentlicht wurde, schienen verwandelte Zombies keine Dreizacke mehr zu besitzen und sie konnten sie auch nicht mehr fallen lassen. Ich gehe an der Stelle mal davon aus, dass es sich um einen Fehler handelt, der in der Zukunft wieder behoben wird. Daher gibt es trotzdem die Anleitung dazu, auch wenn sie in der Release-1.13-Version so nicht mehr funktioniert!

Normalerweise muss man im Ozean Ertrunkene aufsuchen und diese lassen mit einer Wahrscheinlichkeit von 8,5 Prozent einen Dreizack fallen. Da das unter Umständen eine ganze Weile dauert, kann man auch eine Farm bauen. Dafür braucht man einen Zombie-Spawner aus einem Dungeon, Blöcke, Glasblöcke, Falltüren, Hopper, Kisten, Redstone, Repeater, Wasser und einen Knopf ❶.

❶

Unter dem Spawner wird in einem Bereich von 7x7 Blöcken eine Fläche geschaffen ❷. In der Regel muss man nur die Steinwände des Dungeons abbauen. Gerne kann man unter dem Spawner auch eine Ebene Luft lassen. Diese Fläche wird mit Wänden abgegrenzt. Es ist hilfreich, den Spawner für die Dauer der Bauarbeiten mit einer Lichtquelle zu versehen. Dadurch spawnen keine Zombies, die den Spieler bei der Arbeit stören.

Für das weitere Bauen der Farm muss eine Vorder- und eine Rückseite festgelegt werden. An der Rückseite werden an die Wandfläche Wasserquellen gesetzt, so dass ein Strom entsteht ❸, der alle Monster nach vorn schwemmt. Die Monster, die der Spawner spawnt, sammeln sich dann an der vorderen Seite, da sie nicht gegen das Wasser anschwimmen können.

An der Vorderseite wird ein Fallschacht gebaut, in den alle Monster hineinfallen oder, besser gesagt, hineinschwimmen. Dieser ist 1x7 Blöcke groß und erstreckt sich über die Breite der Spawn-Fläche. Die vordere Seite des Fallschachts wird mit Glasblöcken gebaut, so

dass der Spieler hineinschauen kann ④. Drei Blöcke unterhalb der Spawn-Fläche werden Falltüren an die Wand gesetzt. Diese sind von der Rückseite der Blöcke, an denen sie platziert wurden, per Redstone steuerbar.

Die Zombies werden auf diese Weise von der Spawn-Plattform in den Fallschacht geschoben und stehen mit den Füßen auf den ausgefahrenen Falltüren. Da sie sich komplett unter Wasser befinden, werden sie langsam ertrinken und verwandeln sich in Ertrunkene 5. Wenn das passiert ist, kann der Spieler die Falltüren mit einem Knopfdruck öffnen und die Ertrunkenen weiter nach unten fallen lassen. Das Wasser kommt nicht hinterher, da es durch die Falltüren abgehalten wird, auch wenn sie geöffnet sind.

7

Das funktioniert allerdings nur bei Tag so einfach. Bei Nacht werden die Ertrunkenen nicht still unter Wasser stehen bleiben, sondern unruhig versuchen, nach oben zu schwimmen 6. Das hängt mit dem natürlichen Verhalten der Ertrunkenen zusammen. Auch im freien Meer sind sie tagsüber inaktiv und bleiben am Meeresgrund, nachts schwimmen sie aggressiver durchs Wasser. Daher sollte man sich vielleicht eine Uhr in ein Item-Frame an die Wand hängen, um zu wissen, wann die Sonne aufgeht. Spawner gibt es eher unter der Erde, und daher hat man keinen direkten Blick auf die Sonne. In seltenen Fällen gibt es auch Spawner unter freiem Himmel, bei-spielsweise in Wüsten. Dort braucht man keine Uhr.

Um die Falltüren per Knopfdruck steuern zu können, müssen an die Rückseite der Blöcke Repeater gesetzt werden. Diese werden mit Redstone verbunden und führen über die Seite nach vorn 7. Drückt jemand den Knopf, wird das Signal zu den Falltüren geleitet und sie öffnen sich.

Da ein Knopf verwendet wird, schließen sich die Falltüren direkt wieder. Möchte man das selbst steuern, kann ein Hebel platziert werden. Man kann auch anstelle eines Steinknopfes einen Holzknopf nehmen 8 . Der Unterschied zwischen den beiden Knöpfen besteht darin, dass Holzknöpfe ein etwas längeres Signal geben. Fallen bei dem Steinknopf nicht alle Ertrunkenen durch die Falltüren, kann man es mit einem Holzknopf versuchen.

Die Ertrunkenen landen dann auf einer Hopperreihe, die alle fallen gelassenen Items einsammelt. Diese befindet sich mit zwei Blöcken Abstand unter den Falltüren 9 . Die Hopper müssen nicht zu einer zentralen Kiste führen. Da man seit dem Aquatic Update Kisten direkt nebeneinanderstellen kann, kann man alle Hopper direkt nach vorne in einzelne Kisten zeigen lassen. So hat man gleich mehrere Doppelkisten Lagerplatz und muss nicht weiter in die Tiefe graben.

In der vorderen Glaswand befindet sich auf Fußhöhe der Monster eine Lücke, durch die der Spieler schlagen kann. Auf diese Weise tötet er alle Ertrunkenen. Die Lücke muss nicht einen kompletten Block groß sein, man kann auch eine Stufe an die Unterseite des Glases setzen.

8

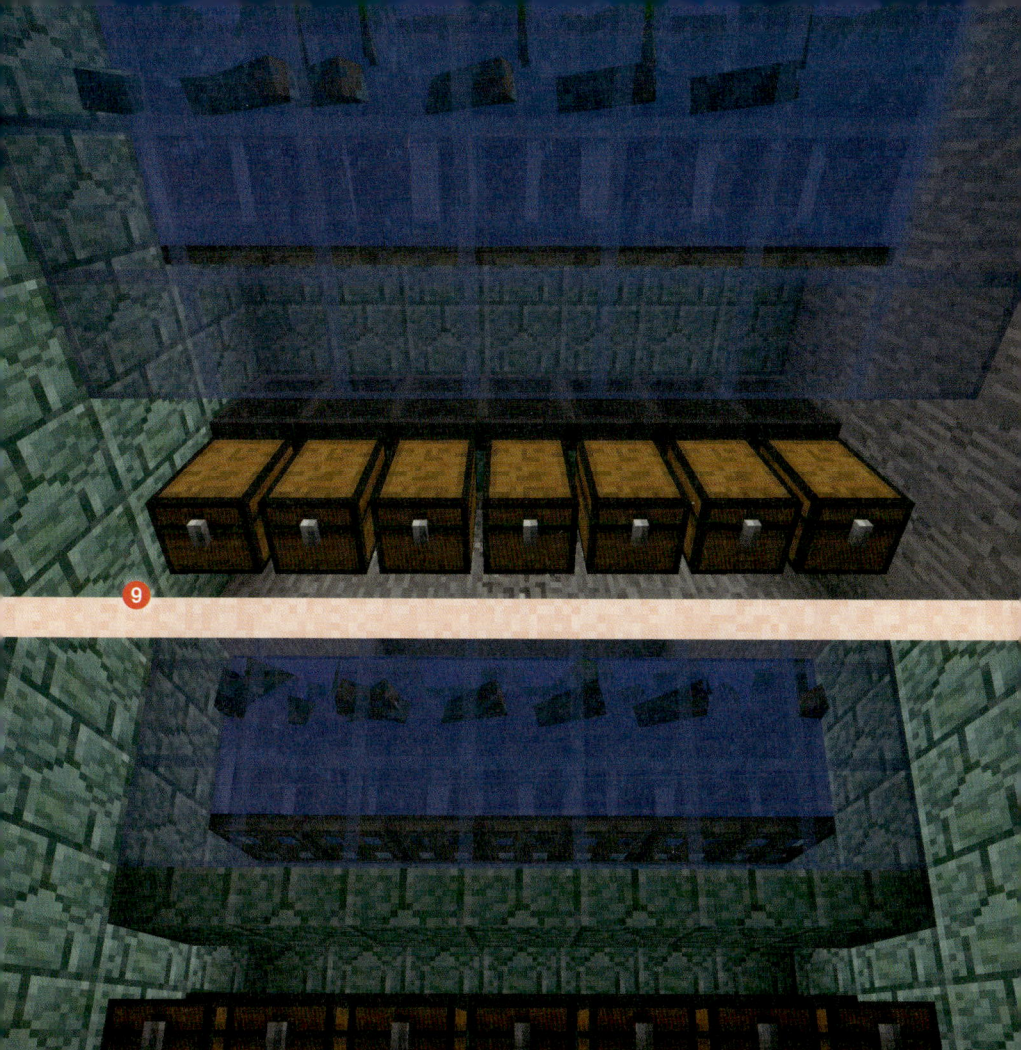

Die fallen gelassenen Items werden durch die Hopper zu den Kisten transportiert. Während der Spieler die Ertrunkenen abfarmt, wird über den Falltüren die nächste Monstergruppe gesammelt 10.

Neben Dreizacken werden noch weitere Items gesammelt. Beispielsweise kann man Zombiefleisch bekommen, welches in einer Emeraldfarm gegen Emeralds eingetauscht werden kann. Und man bekommt auch etwas Gold. Das lassen Ertrunkene allerdings selten fallen, so wie normale Zombies selten Eisen fallen lassen. Außerdem gibt es noch Nautilusschalen, die man für den Conduit braucht. Hier ist noch mal eine Beispielkiste mit Loot zu sehen **11**.

11

5 DINGE IN MINECRAFT, DIE DU NOCH NICHT WUSSTEST! #04

NEW

Während man die neutralen Tiere im Spiel in der Regel mit einer Leine führen kann, gibt es bei den Tintenfischen eine Ausnahme. Tintenfische können nicht an die Leine genommen werden ❶, und man kann sie nicht auf diese Weise verschieben.

❶

NEW

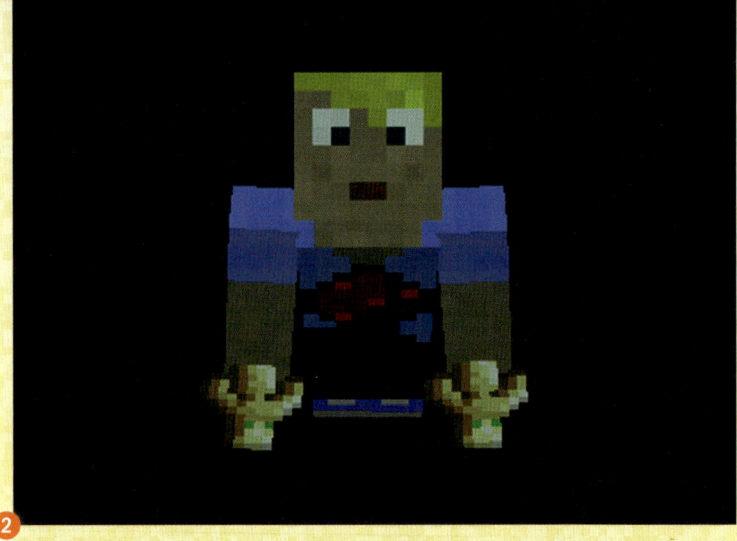

Das Totem der Unsterblichkeit, welches man von den Evokern aus den Mansions bekommt, bewahrt den Spieler vor dem Tod ②. Es funktioniert in allen kritischen Situationen außer beim Fall in das Void im End. Prinzipiell macht es keinen Unterschied, ob das Totem aktiviert wird oder nicht, denn es zögert den Tod nur hinaus. Da dieser Fall allerdings eine Ausnahme darstellt, ist er sicherlich erwähnenswert.

Der Enderdrache ist ein besonderes Monster. Er ist nicht nur ein Bossmonster, sondern er hat auch einige technische Eigenheiten. Im Gegensatz zu den meisten anderen Monstern besitzt er mehrere Hitboxen, also Punkte, an denen er Schaden bekommt, wenn man ihn abschießt oder schlägt. Diese Hitboxen lassen sich bei allen Mobs mit einer Tastenkombination anzeigen (F3+B). Zusätzlich zur großen weißen Hitbox gibt es noch weitere, kleine grüne Hitboxen. Diese sind jeweils an den Flügeln, dem Körper, dem Schwanz und am Kopf ③.

Seerosen findet man nur in Sümpfen und auf Wasser. Die Kerbe im Blatt zeigt immer in dieselbe Richtung ④: wenn man sie auf einen Wasserblock setzt, wieder abbaut und das Ganze beliebig wiederholt. Man kann sie auch auf Eis platzieren, was den meisten Spielern möglicherweise nicht bewusst ist.

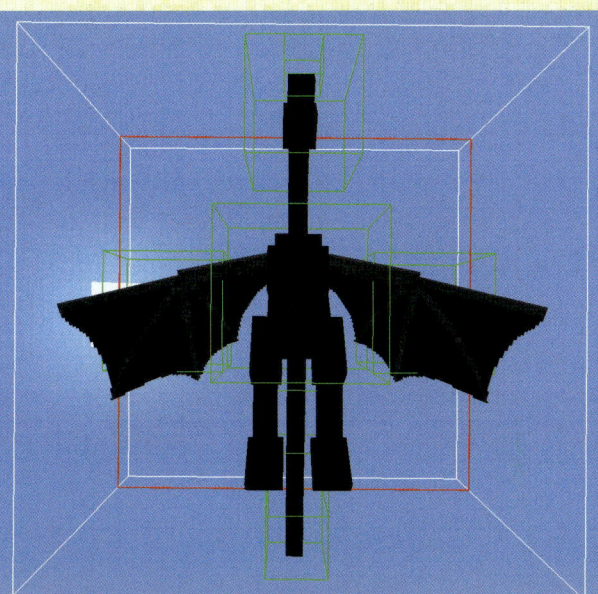

Es gibt ein Monster, das nicht natürlich im Spiel spawnen kann. Es gehört zur Klasse der Illager, die in Mansions leben. Der Illusioner ist eine Art Magier. Er trägt eine blaue Robe und zählt als feindliches Monster ❺.

Wenn der Spieler zum ersten Mal in seiner Reichweite ist, hebt der Illusioner die Arme, und Partikel erscheinen ❻. Er nimmt dem Spieler die Sicht, indem er ihn blind macht, und schießt dann aus der Entfernung mit Pfeilen. Blind wird der Spieler aber nur, wenn der Schwierigkeitsgrad der Karte auf »hart« steht. Bei »einfach« und »normal« macht er die gleiche Bewegung, aber es passiert nichts.

Zusätzlich erstellt das Monster Illusionen, nachdem es das erste Mal vom Spieler geschlagen wurde. Es teilt sich in vier Klone, die alle parallel zueinander laufen und dieselben Bewegungen machen ❼. Allerdings sind dies nur Kopien, die selbst nicht angreifbar sind. Das richtige Monster befindet sich in der Mitte der Klongruppe und macht sich unsichtbar. Man kann sich dieses Monster im Kreativmodus mit einem Befehl ins Spiel holen.
Der Befehl lautet: /summon minecraft:illusioner ~ ~ ~

6

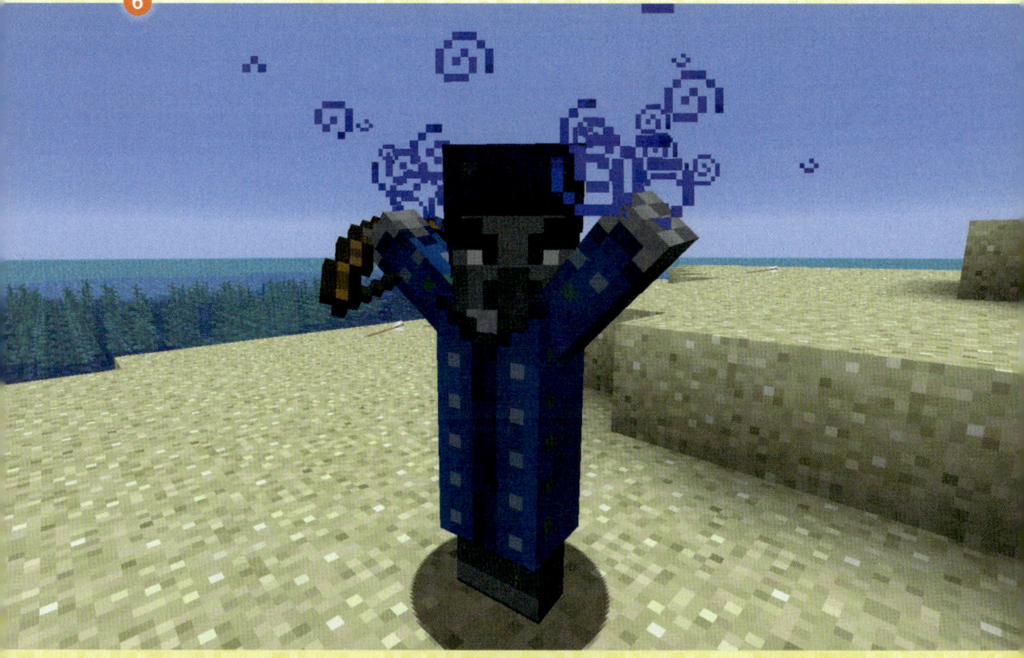

7

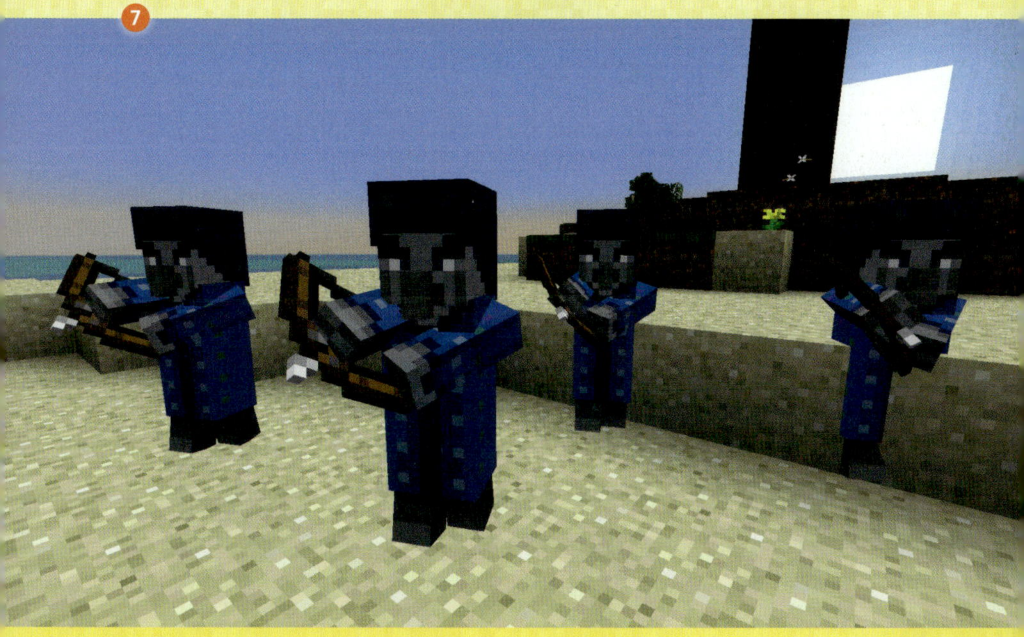

AQUATIC UPDATE: UNTERWASSER-LANDSCHAFTEN

Neben den Tieren hat sich auch die Landschaft unter Wasser geändert. Der Meeresgrund ist vielfältiger geformt, und es gibt auch tiefe Gräben ähnlich wie in Höhlensystemen. In einigen Gräben finden sich Magmablöcke auf dem Grund, von denen Blasenströme ausgehen ❶. Schwimmt ein Spieler in diese Blasenströme, wird er nach unten in die Tiefe gezogen. Das gilt nicht nur für Spieler, sondern auch für alle anderen Mobs und Entities wie beispielsweise Boote.

Wenn Soul Sand unter Wasser platziert wird, treibt der Blasenstrom den Spieler nach oben an die Oberfläche ❷. Soul Sand gibt es allerdings nicht in den tiefen Unterwassergräben. Dort finden sich nur Magmablöcke, Obsidian und Seegras.

❶

Der Blasenstrom von Soul Sand ist so stark, dass der Spieler nicht nur zur Wasseroberfläche geschoben wird, sondern er wird auch ein gutes Stück in die Luft geschleudert. Das Gleiche gilt für Tiere, Monster und Items. Sogar Boote werden von den Blasenströmen beeinflusst. Wenn man mit einem Boot auf einen Blasenstrom fährt, fängt es an zu wackeln und Wasserpartikel erscheinen ❸. Nach einigen Wacklern wird das Boot abhängig von der Stromrichtung auf den Meeresgrund gezogen oder aus dem Wasser geschleudert.

4

5

6

Das Aquatic Update bringt auch neue Pflanzen. Abhängig von der Temperatur des Ozean-Bioms können Seegras und Seetang wachsen 4. Seetang wächst nicht in warmen Biomen und erreicht eine Höhe bis knapp unter die Wasseroberfläche. Seegras findet sich überall im Ozean, in Flüssen und Sumpf-Biomen. Es kann maximal zwei Blöcke hoch werden, und man kann es ähnlich wie normales Gras mit Knochenmehl wachsen lassen. Neues Seegras wird erzeugt, wenn man mit dem Knochenmehl auf den Meeresboden klickt.

Seetang kann man im Ofen trocknen **5** und als Nahrung verwenden. Ein getrocknetes Seetangstück stellt einen Hungerbalken wieder her. Neun getrocknete Seetangstücke können zu einem Seetangblock zusammengecraftet werden **6**. In dieser Form kann man sie gut platzsparend lagern und in der Welt platzieren.

Möglicherweise kann man Seetangblöcke als Baublöcke nutzen und z. B. den Boden einer Strandhütte daraus bauen. Sie können auch als Brennstoff für den Ofen verwendet werden. Ein Seetangblock brennt 200 Sekunden und hält damit 2,5-mal so lange wie ein Stück Kohle oder Holzkohle. Falls man möchte, kann man den Block auch wieder in getrocknete Seetang-Einzelstücke zurückcraften.

Gelegentlich werden versunkene Schiffe und Dorfruinen in verschiedenen Ausführungen auf dem Meeresgrund generiert. Ruinen sind beispielsweise immer unterschiedlich aufgebaut, da sie aus einer Vielzahl von Modellen bei der Kartenerstellung angefertigt werden. Insgesamt gibt es 48 verschiedene Ruinenmodelle, die man mit Strukturblöcken testweise selbst in die Welt laden kann **7**.

8

Unterwasserruinen bestehen in der Regel aus mehreren Ruinen-
häusern und einer größeren Ruine in der Mitte. In den Häusern kann
man versteckte Kisten finden **8**, die möglicherweise Schatzkarten zu vergrabenen Schätzen enthalten. Andere erwähnenswerte
Inhalte der Kisten sind goldene Äpfel, Emeralds und verzauberte
Bücher.

Die Schatzkarten führen zu vergrabenen Schätzen an Stränden.
Diese Schätze sind sehr selten und ohne Karte auch kaum auffind-
bar, da sie so gut versteckt sind. Wenn der Spieler die Karte in die
Hand nimmt, sieht er die gezeichneten Umrisse der Landschaft, in
der der Schatz liegt. Der weiße Punkt zeigt die Position des Spielers
auf der Karte an. Ist der Spieler nicht im Bereich der Karte, befindet
sich der weiße Punkt ganz am Kartenrand **9**.

Nähert sich der Spieler dem Schatz und betritt den Bereich, der
auf der Karte abgebildet ist, wird die Karte kreisförmig aufgedeckt.
Nun sind die Farben des Ozeans und der Inseln zu sehen **10**. Gräbt
der Spieler an der Position des roten Kreuzes, wird er die Schatzkiste finden.

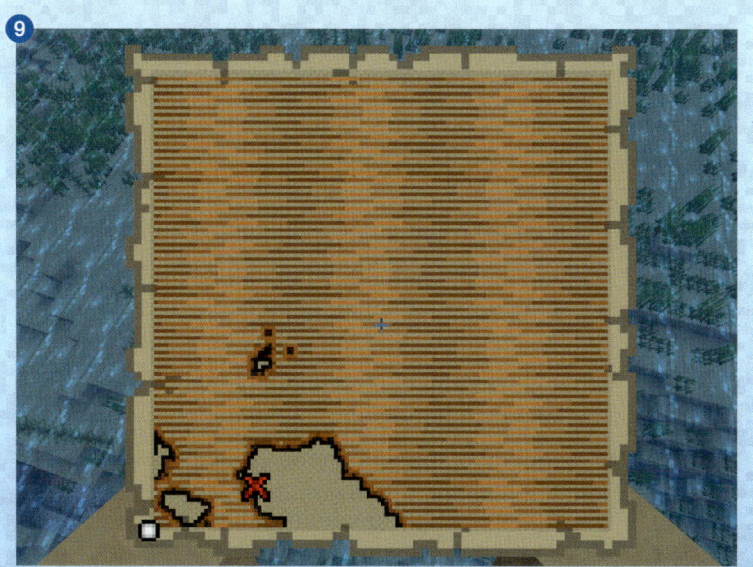

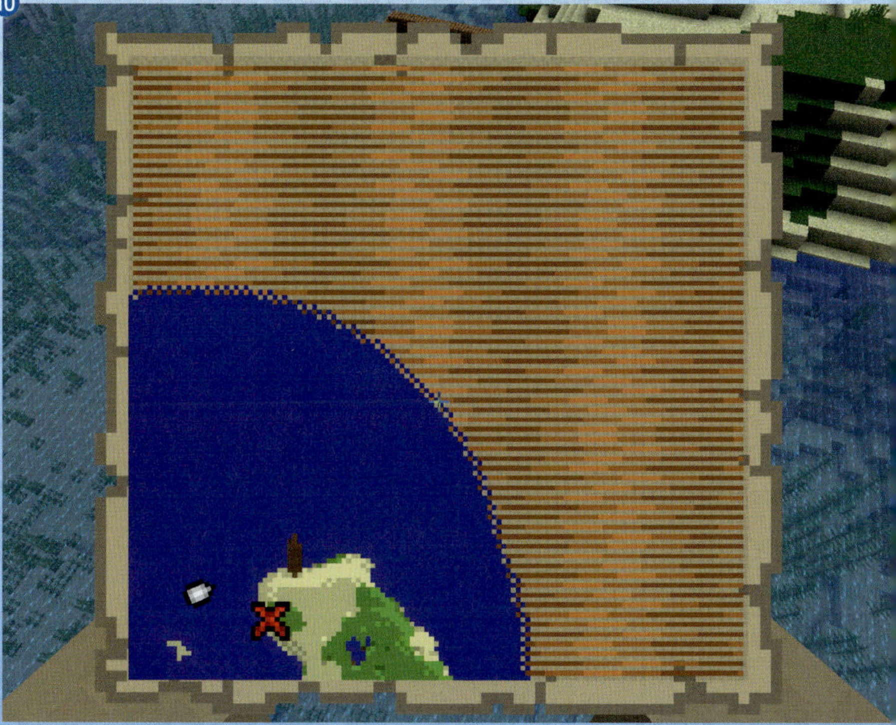

In den Schatzkisten befinden sich vor allem seltene Items. Garantiert enthält jede Schatzkiste ein Herz des Meeres, das zum Bauen eines Aquisators gebraucht wird. Außerdem ist es möglich, Diamanten, Emeralds, Gold, Eisen, Prismarinkristalle, Schallplatten, Erfahrungsflaschen, Tränke, TNT und mehr zu bekommen ⑪.

Die Schiffswracks gibt es ebenfalls in verschiedenen Ausführungen. Manchmal sind sie noch einigermaßen vollständig und manchmal fast komplett zerstört. Sie können in unterschiedlichen Positionen auf dem Meeresgrund liegen: auf dem Kopf, seitlich gedreht oder normal gesunken. Oft schauen sie teilweise aus dem Wasser heraus ⑫.

Auf jedem Schiff gibt es bis zu drei Kisten, die der Spieler finden kann. Diese Kisten haben je nach Position unterschiedliche Inhaltskategorien. Es gibt Schatzkisten, Kartenkisten und Vorratskisten. Die Schatzkisten liegen in der Kabine des Kapitäns. Sie können Diamanten, Emeralds, Gold, Lapislazuli, Eisen oder Erfahrungsflaschen beinhalten. Die Beispielkiste auf dem Bild enthält nur Eisen ⑬.

In den Kartenkisten kann der Spieler Papier, Federn, Bücher, einen Kompass oder auch eine Schatzkarte finden ⑭. Die Schatzkarte ist der aus den Dorfruinen gleichgestellt.

⑪

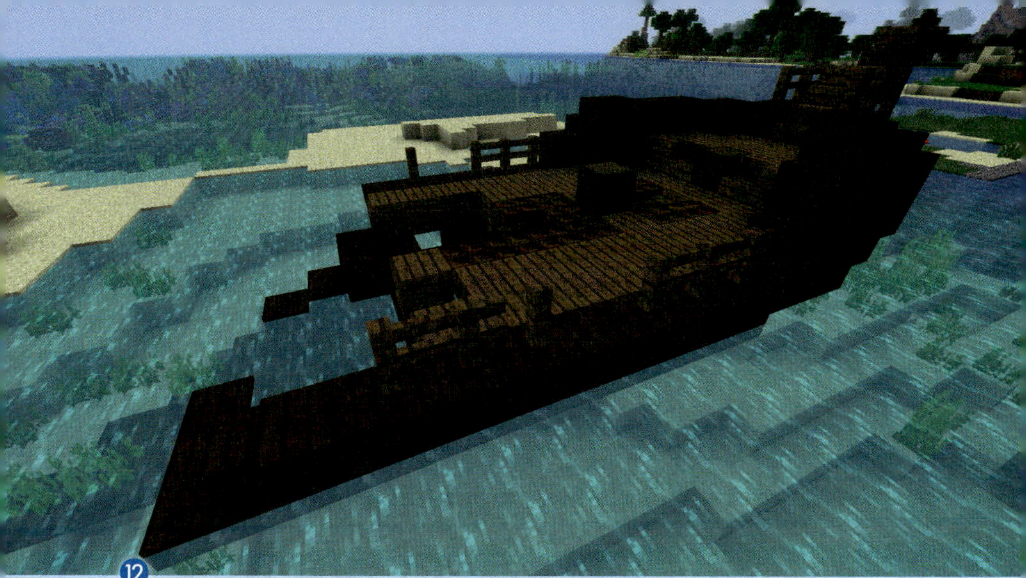

12

13

Chest
Inventory

14

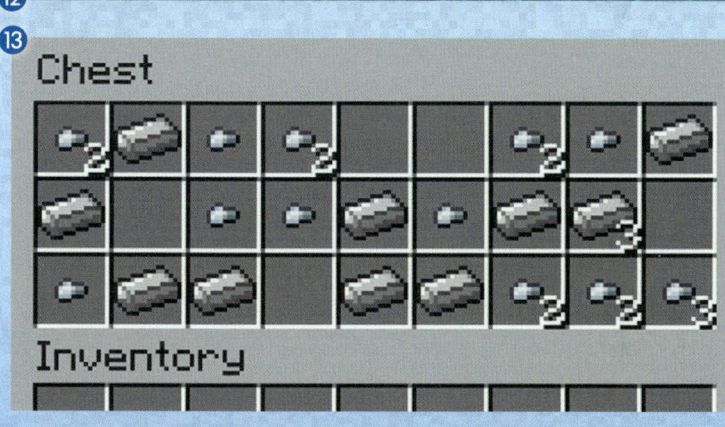

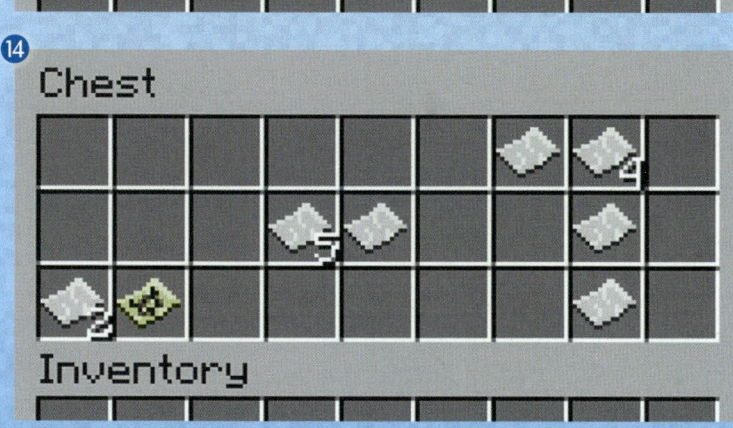

Chest
Inventory

⑮ Chest

Inventory

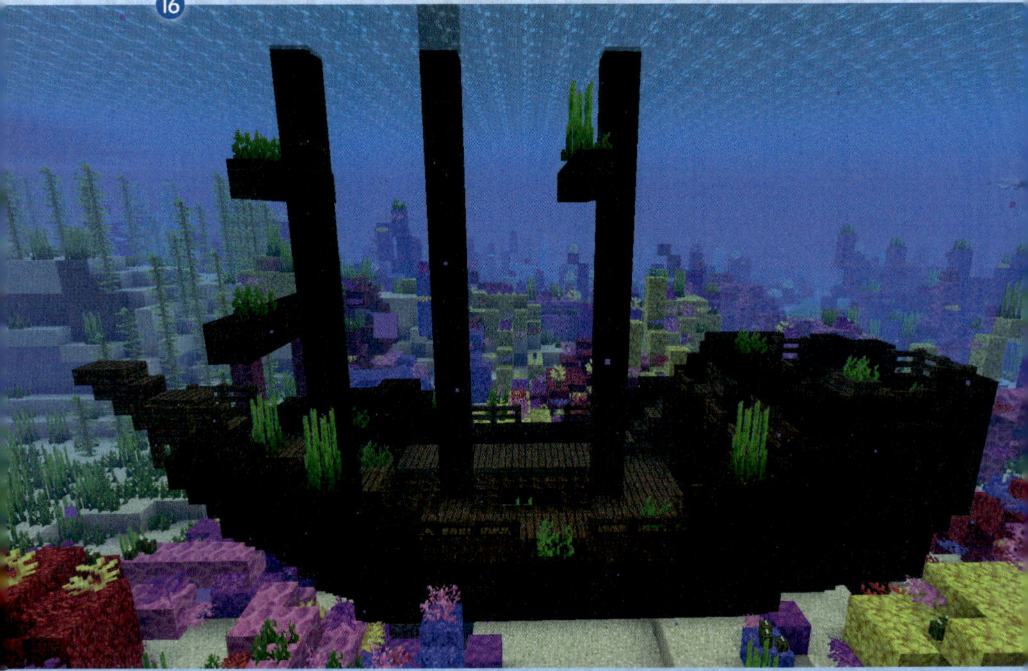

Die Vorratskisten enthalten Ledergegenstände, die manchmal auch eine Verzauberung haben können. Außerdem kann man Weizen, Karotten, Kartoffeln, Kürbisse, Kohle, TNT und mehr darin finden ⑮.

17

Allerdings liegen diese drei Kisten nicht in jedem Schiffswrack. Das ist abhängig vom Zerstörungsgrad des Wracks. Falls der vordere Teil fehlt, gibt es beispielsweise keine Vorratskiste auf dem Schiff. Schiffswracks begegnet man recht häufig auf dem Meeresgrund 16. Dorfruinen dagegen sind etwas seltener.

Die letzte Sache, die sich mit dem Aquatic Update verändert hat, sind die Unterwassertempel. Sie sind optisch viel besser in die neue Landschaft eingebettet, da Seegras und Seetang nun auch auf Prismarin generiert werden 17.

TECHNIK: ITEM-AUFZUG MIT WASSER

Seit dem Aquatic Update können Items schwimmen. Das heißt auch, dass Items, die unter Wasser fallen gelassen werden, zurück an die Oberfläche steigen. Damit können Aufzüge für Items gebaut werden . Wenn man in seiner Welt viele Farmen baut und Items automatisch transportieren möchte, dann kommt man nicht daran vorbei, einen Aufzug für diese zu verwenden.

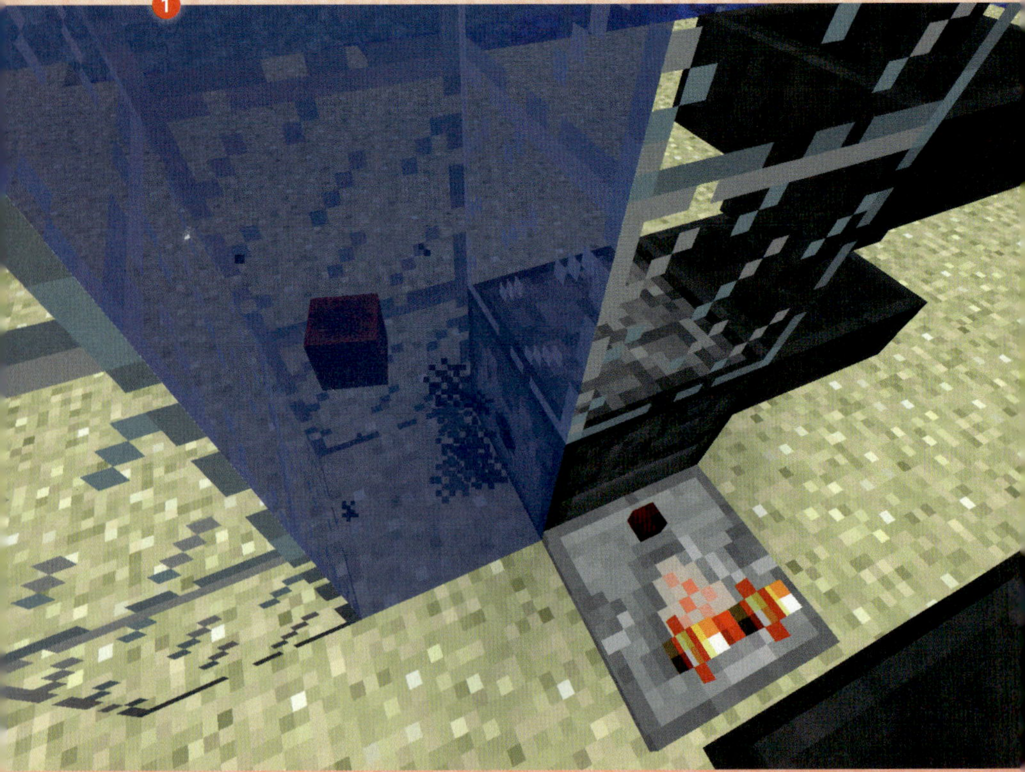

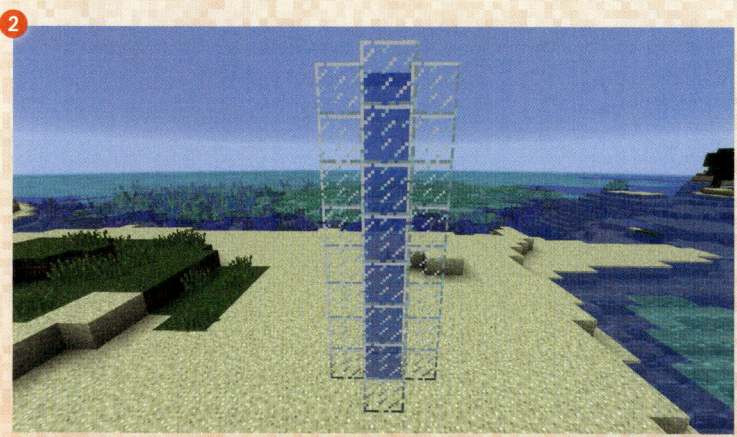

Die einfachste Möglichkeit ist, einen senkrechten Tunnel aus Blöcken zu bauen und diesen mit Wasser zu füllen . Im gezeigten Beispiel werden Glasblöcke verwendet. So kann man besser hineinschauen. Es reicht aus, einen Eimer Wasser ganz oben zu platzieren, um die Röhre zu füllen. Es müssen keine Wasserquellblöcke gesetzt werden.

Ganz unten auf den Boden setzt man einen Soul-Sand-Block. Es entsteht ein Blasenstrom ❸, der alle Items mit einer wahnsinnigen Geschwindigkeit nach oben schießen lässt. Die Items werden sogar

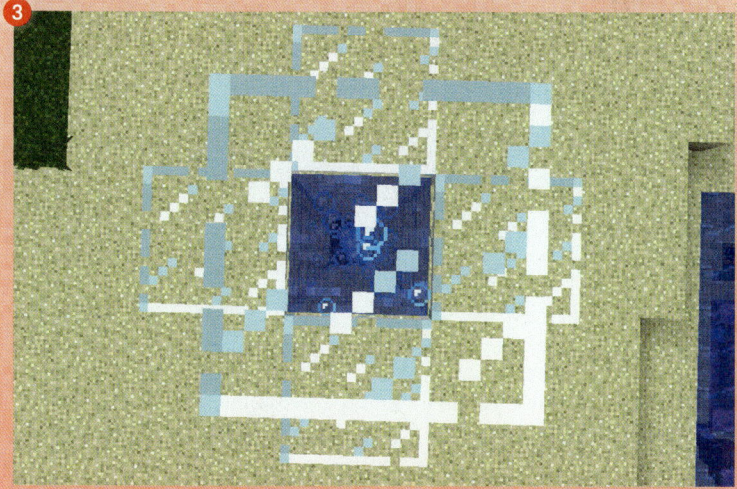

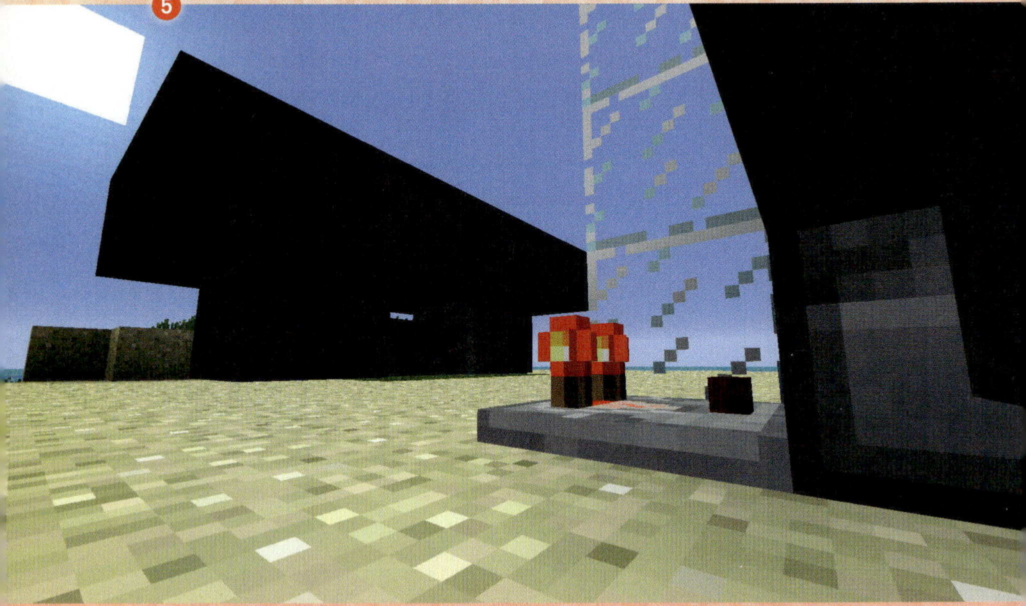

über die Wasseroberfläche in die Luft geschleudert und fallen danach wieder zurück. Damit sie nicht seitlich aus der Anlage fallen,
sollte man einen weiteren Block darübersetzen.

6

Die Items können mit Hilfe eines Dispensers über den Soul-Sand-Block eingeschleust werden. Den Dispenser platziert man zum Wasser ausgerichtet in die Wand der Röhre 4 . Mit einem Hopper kann man ihn automatisch befüllen. Seitlich an den Dispenser wird ein Taktgeber angeschlossen, der den Dispenser regelmäßig Items ausspucken lässt. Falls allerdings Items wie zum Beispiel Pfeile ausgeworfen werden sollen, kann man auch auf einen Dropper zurückgreifen.

Als Taktgeber können Hopper verwendet werden. Dazu setzt man zwei ineinanderzeigende Hopper 5 und wirft ein Item hinein. An einem der Hopper wird ein Comparator platziert, der das Signal an den Dispenser weitergibt. Der Dispenser wirft nun in kurzen Zeitabständen jeweils ein Item aus.

Wenn man sich an der Technik erfreuen möchte, kann man aus den gleichen Mitteln auch eine gigantische Lavalampe basteln. Dazu müssen die Items lediglich in einem Kreislauf wieder nach unten kommen. Dies funktioniert mit einem weiteren Wasserstrom, der seitlich zur Röhre platziert wird 6 .

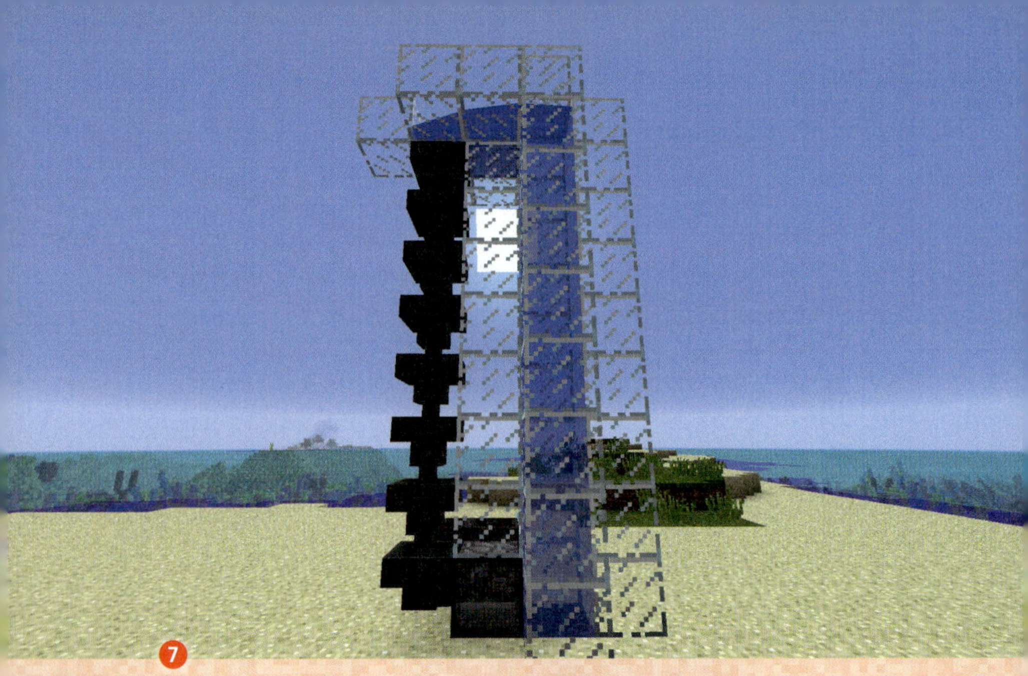

7

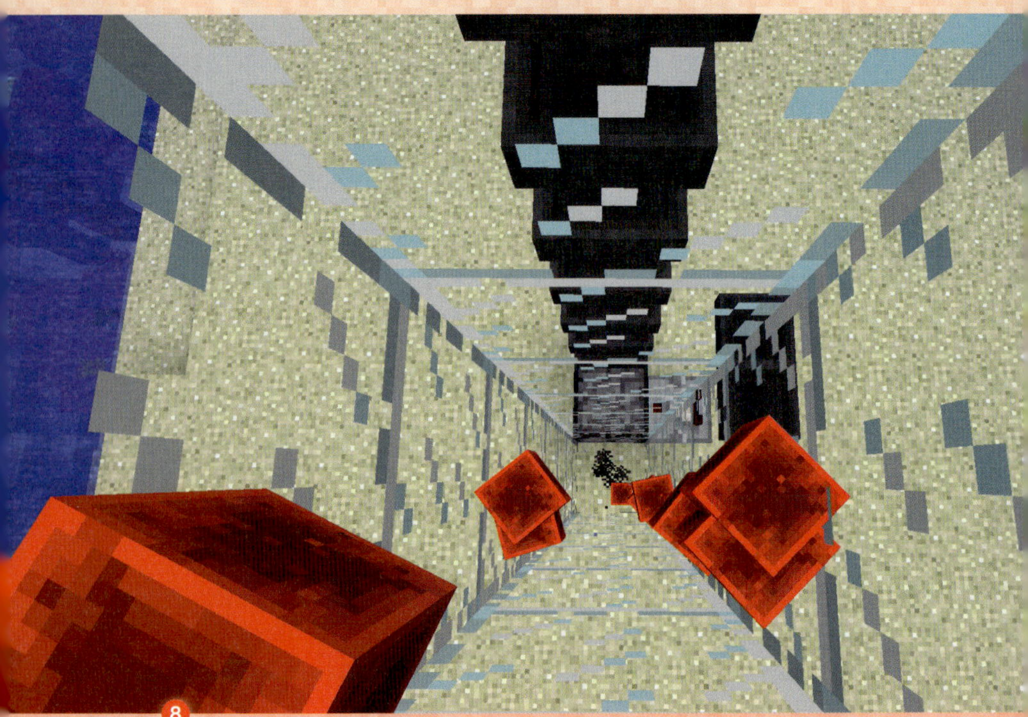

8

So kann man die Items in einen Hopper schieben, der sie in einer Hopperreihe ❼ nach unten weitergibt und erneut in den Dispenser packt. Für eine Lavalampe kann man bunte Blöcke verwenden, die in den Kreislauf eingeschleust werden. Wenn der Aufbau stimmt, müssen sie nur in einen der Hopper gegeben werden, die zum Dispenser führen.

Nun kann man den Soul Sand entfernen und durch einen normalen Block ersetzen. Dadurch werden die Items nicht so schnell durch die Glasröhre geschickt, und es sieht angenehmer aus ❽. Falls man keinen Soul Sand besitzt, kann man den Aufzug auch generell ohne den Blasenstrom betreiben. Der Transport der Items dauert dann nur etwas länger.

BUGS: ITEM-AUFZUG

Es gibt auch die Möglichkeit, ohne Wasser und mit Hilfe eines Bugs Items über einen Aufzug zu transportieren. Dieser Bug ist bereits länger im Spiel und funktioniert auch in einigen früheren Versionen. Falls man also noch nicht die Version 1.13 oder höher spielt, ist das eine gute Alternative.

Dazu nimmt man denselben Aufbau, wie im Kapitel **TECHNIK: ITEM-AUFZUG MIT WASSER** (Seite 102) beschrieben ❶.

Das Wasser in der Röhre wird allerdings entfernt und durch Glasblöcke ersetzt. Außerdem müssen noch weitere Glasblöcke platziert werden. Vor dem Dispenser muss ein solider 3x3-Glaskasten in die Höhe gebaut werden ❷. Die Höhe des Glaskastens bestimmt die Transporthöhe der Items. Zusätzlich zu dem 3x3-Glaskasten bleibt die Glasreihe über dem Dispenser bestehen.

❶
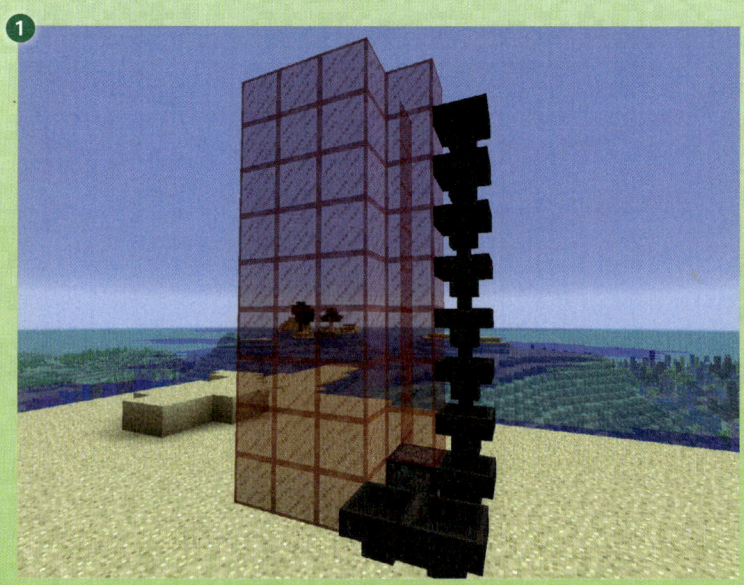

Die Items werden also nicht in Wasser sondern in solide Glasblöcke geworfen. Durch die Blockeigenschaften von Glas werden die
Items Stück für Stück nach oben geschoben ❸, bis sie schließlich
oben auf dem Glaskasten landen. Von dort kann man sie mit Wasser weitertransportieren.

Wäre der Glaskasten nicht im Format von 3x3 Blöcken, würden die
Items zur Seite rausfliegen. Auch die Blöcke über dem Dispenser
sind wichtig, damit die Items nicht rausgeworfen werden.

Die Glasart ist nicht entscheidend, es können auch gefärbte Glasblöcke verwendet werden.

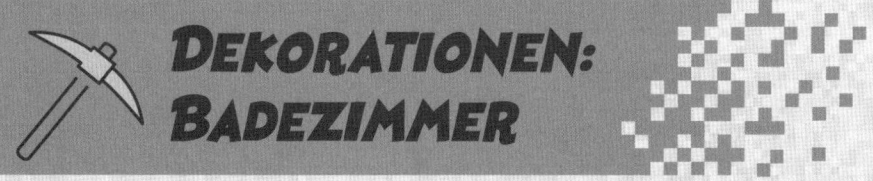

DEKORATIONEN: BADEZIMMER

Das Badezimmer eines Hauses kann man mit verschiedenen Materialien gestalten. Wir konzentrieren uns hier auf Quarz, da er realen weißen Fliesen ähnelt. Für einen gemusterten Boden kann man auch bearbeiteten Quarz verwenden.

In einem Badezimmer darf eine Toilette natürlich nicht fehlen und mit einigen wenigen Materialien lässt sich diese auch bauen ❶. Dafür braucht man einen halben Quarzblock, zwei Quarzstufen, eine Steindruckplatte, einen Item-Frame, einen Knopf und einen weißen Wollblock.
Die beiden Quarzstufen werden verkehrt herum aneinander- und vor eine Wand gestellt. Auf die hintere Stufe kommt der halbe Quarzblock, der den Spülkasten darstellen soll. Auf die vordere Stufe gehört die Druckplatte, also der Klodeckel. Ein Block neben der Toilette wird mit den restlichen Materialien eine Halterung für

❶

eine Klopapierrolle angebracht. Dazu platziert man den Knopf an der Wand und setzt den Item-Frame darüber. So sieht es aus, als wäre der Knopf im Item-Frame, was aber nicht stimmt. In den Item Frame legt man den Wollblock. Der Wollblock überdeckt den Knopf teilweise, und es sieht so aus, als würde dort eine Klopapierrolle an der Halterung hängen.

Auch eine richtig gute Dusche ist ziemlich einfach zu bauen. Dafür werden halbe Quarzblöcke, Quarzstufen, beliebig farbige Glasscheiben, ein Knopf, Eisenfalltüren und ein Redstone-Block benötigt. Diese Dusche ist länglich gebaut und leicht in den Boden eingelassen ❷.

❷

Für die Vertiefung werden die Bodenblöcke entfernt und halbe Quarzblöcke platziert. In Richtung des Raumes werden für einen weicheren Übergang Stufen in den Boden gesetzt. Auf die Stufen kommen die Glasscheiben. Diese verbinden sich perfekt mit der Stufenkante und bilden eine Duschkabine, durch die man hindurchschauen kann. Auf Körperhöhe des Spielers wird ein Knopf gesetzt, der für das Einschalten des Wassers gedacht ist. An die Decke kann eine Eisenfalltür gesetzt werden, die wie eine Duschbrause aussieht.

Mit einer weiteren Eisenfalltür kann man einen Abfluss nachahmen. An der Wand wird ein Block abgebaut, der durch den halben Bodenblock teils verdeckt ist. Unter den abgebauten Block wird der Redstone-Block gesetzt und darüber die Falltür, die sich dank des Redstones aufklappt. Von der anderen Seite sieht es so aus, als wäre ein Ablaufgitter in der Dusche. Man sieht nur die obere Hälfte der Eisenfalltür ❸.

Für eine Badewanne werden ähnliche Blöcke verwendet. Die Wanne kann man zwar auch in den Boden einlassen, allerdings ist die frei stehende Variante einfacher zu erkennen ❹. Dafür braucht man acht Quarzstufen, eine Endrod, halbe Quarzblöcke, einen Schalter, Quarzblöcke und einen Blumentopf.

⑤

Die acht Quarzstufen werden ineinanderverkettet auf den Boden platziert, und schon bekommt man eine Wannenform. Ab der Version 1.13 kann man in die Wanne auch Wasser hineinfüllen ⑤. Drei Blöcke über der Wanne wird eine Endrod an der Wand platziert. Etwas daneben und einen Block tiefer wird ein halber Quarzblock auf die Blockoberseite gesetzt. Dieser schwebt zunächst in der Luft, allerdings wird oben ein Schalter daraufgesetzt. Den Schalter legt man im Anschluss in Richtung der Endrod, und die Konstruktion sieht damit wie eine Brause für den Wassereinlass aus. Neben der Wanne wird ein Block mit einem leeren Blumentopf platziert. So hat man einen kleinen Behälter für Seife oder Ähnliches.

Falls daneben noch Platz ist, kann man ein weißes Banner an die Wand hängen. Das sieht perfekt nach einem langen Badehandtuch aus. Die Badewanne kann mit Wasser gefüllt werden. Da die Stufen eine geschlossene Umrandung bilden, kann kein Wasser herauslaufen.

Zum Schluss fehlt noch ein Waschbecken zum Händewaschen. Dieses kann man ebenfalls aus Quarzstufen und Quarzblöcken bauen ⑥.

Eine Stufe wird von der Wand aus in Richtung des Raumes platziert und mit zwei Blöcken abgeschlossen. Auf diese Weise kann man auch ein Doppelwaschbecken bauen. Als Wasserhahn verwendet man Knöpfe, Hebel oder Haken. Auch hier ist es optisch anspre-chend, neben dem Waschbecken lange weiße Banner als Hand-tücher an die Wand zu hängen. Natürlich kann die Bannerfarbe auch variiert werden, um den Raum etwas bunter zu gestalten. Die Lücke zwischen Stufe und Wand kann mit einem Wassereimer gefüllt werden. So sieht es aus, als wäre das Waschbecken gerade benutzt worden.

5 DINGE IN MINECRAFT, DIE DU NOCH NICHT WUSSTEST! #05

NEW

Elytras haben wie jedes andere Rüstungsteil eine gewisse Haltbarkeit. Das Besondere bei der Elytra ist, dass sie nicht kaputtgehen kann, wenn die Haltbarkeit aufgebraucht ist. Zumindest löst sie sich nicht in Luft auf und verschwindet. Sie wird zu einer defekten Elytra, die eine andere Textur besitzt, und die Haltbarkeit bleibt auf einem Restpunkt ❶. Mit dieser Elytra ist es nicht mehr möglich zu fliegen, allerdings kann man sie weiter im Rüstungsslot tragen. Wenn sie mit Phantomhaut oder mit der Reparaturverzauberung wieder repariert wird, ist sie ganz normal benutzbar.

Es ist möglich, an eine Elytra zu kommen, ohne vorher den Enderdrachen besiegt zu haben. Dazu muss man den Aufbau des Endes kennen ❷. In der Mitte befindet sich die große Endinsel mit den Obsidiantürmen und dem Enderdrachen.

❶

2

3

Wenn man diesen besiegt, öffnet sich ein Teleporter in das erweiterte End mit den Inseln voller Choruspflanzen. Diese Inseln sind in einem Abstand von 1.000 Blöcken ringförmig um die Hauptinsel angeordnet. Baut man sich also von der Hauptinsel 1.000 Blöcke in eine Richtung, kommt man auch so zu den Choruspflanzen und den fliegenden Schiffen mit den Elytras 3.

4

🔍 excitedze

✕ 📦

5

English (Canada)

English (United Kingdom)

English (New Zealand)

Pirate Speak (The Seven Seas)

ɥsᴉꞁᵷuƎ (wopᵷuᴉʞ pǝʇᴉu∩)

English (US)

Anglish (Foroned Kingdom)

6

ufälligen Startwert

Welttyp: Debug-Modus

⑦

Eine ganz besondere und coole Sache ist der folgende Trick. Man kann die Sprache des Spiels umstellen, ohne in die Spracheinstellungen zu gehen. Dazu öffnet man eine Werkbank und zusätzlich das Rezeptbuch. Wenn man in die Suchleiste des Rezeptbuchs den Code »excitedze« eingibt ④, lädt sich die Welt neu.

Im Anschluss wird man feststellen können, dass sich die Sprache in Piratensprache (Pirate Language) geändert hat ⑤. Es ist ein absolut absurder Fakt, dass das so funktioniert.

Es gibt eine spezielle Map im Debug-Modus, die man bei der Welterstellung bekommen kann. In den erweiterten Einstellungen kann man den Welttyp auswählen. Wenn man die Optionen durchklickt, kann man zwischen Standard, Flachland, Große Biome, Zerklüftet und Buffet wechseln. Wenn man beim Durchwechseln allerdings die Shift-Taste gedrückt hält, wird ein weiterer Modus angezeigt: der Debug-Modus ⑥.

Diese Welt besitzt keinen normalen Aufbau. Alle Block-Items werden einzeln aufgereiht präsentiert ⑦. Außerdem gibt es alle Zwischenstände, Orientierungen und Spezialfälle dieser Block-Items.

Man kann mit einem Befehl sämtliche Rezepte aus dem Rezept-buch freischalten. Der Befehl ist allerdings nicht so intuitiv wie andere Befehle:

/recipe give @Spielername minecraft:ITEM

Für »ITEM« muss man den Namen des Items eintragen, das man freischalten möchte. Um alle Rezepte auf einmal freizuschalten, muss man einen * an die Stelle setzen.

Der Befehl wäre dann:

/recipe give @Spielername *

AQUATIC UPDATE: SCHILDKRÖTEN

Schildkröten wurden erstmals im Snapshot 18w07a hinzugefügt. Sie spawnen auf warmen Stränden in einer maximalen Gruppengröße von fünf Tieren. Sie haben 30 Leben, also 15 Herzen, und können sowohl an Land als auch im Wasser leben. Auf dem Land bewegen sie sich eher langsam ❶, während sie im Wasser relativ schnell schwimmen können. Es sind passive Tiere, die den Spieler nicht angreifen können.

❶

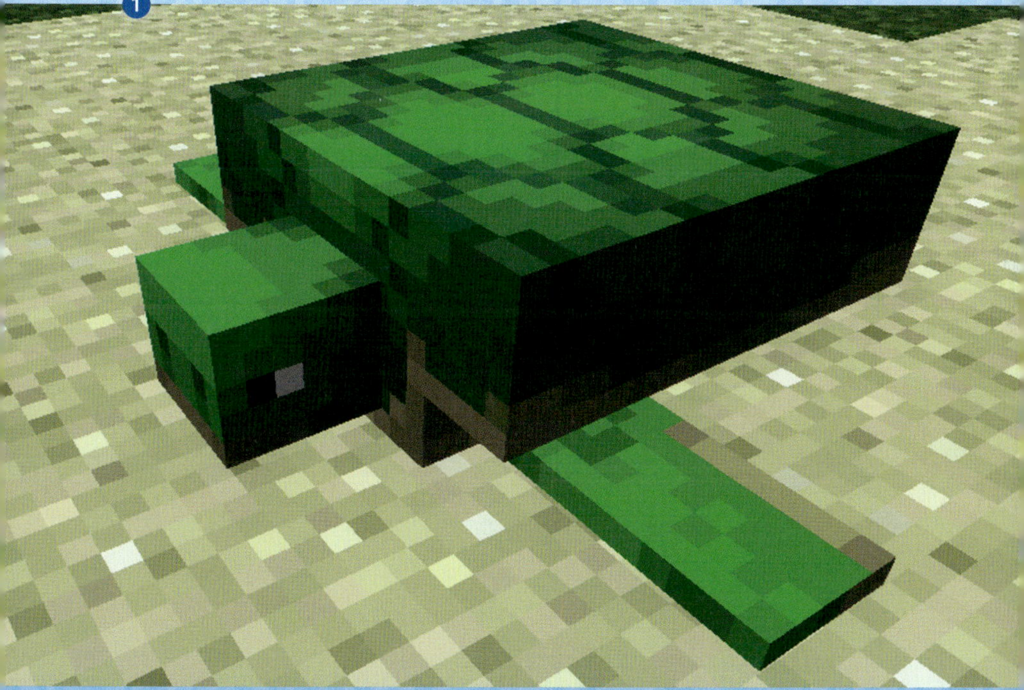

Ein Spieler kann zwei Schildkröten miteinander paaren, indem er Seegras auf diese benutzt. Eine der Schildkröten wird dann zu ihrem Heimatstrand schwimmen, eine Weile im Sand graben und Eier legen ❷.

Sie legt bis zu vier Eier pro Paarungsvorgang, die sehr empfindlich sind. Der Spieler darf nicht über die Eier laufen, da sie sonst zerbrechen. Einige feindselige Mobs laufen absichtlich über die Eier, um sie zu zerstören, beispielsweise Zombies, Husks, Ertrunkene und Zombie Pigmen.

Ein Spieler kann die Eier einsammeln, indem er ein mit Silktouch verzaubertes Werkzeug benutzt. Allerdings schlüpfen die kleinen Schildkröten nur, wenn sie auf Sand platziert wurden. Die Eier durchlaufen mehrere Stadien und die Kleinen schlüpfen immer bei Nacht. Leider ist das auch die Zeit, zu der feindliche Monster unterwegs sind.

Frisch geschlüpfte Schildkrötenbabys machen sich auf den Weg ❸ und suchen Schutz im Wasser. Sie sind noch gefährdeter als die Schildkröteneier, da weitaus mehr feindliche Monster es auf sie abgesehen haben.

Sie werden von Zombies, Husks, Skeletten, Strays, Ertrunkenen, Ozelots, Hunden und Witherskeletten angegriffen. Eigentlich tauchen keine Witherskelette außerhalb des Nethers auf. Wenn man aber den Creative Mode nutzt, spawnen selbst Witherskelette bei Schildkrötenbabys ❹.

Die Schildkröten wachsen genauso wie andere Tiere. Den Wachstumsprozess kann man durch das Füttern von Seegras beschleunigen. Wenn man mit dem Seegras auf die Schildkröten klickt, erscheinen grüne Partikel ❺. Jedes Seegras verkürzt die verbleibende Dauer um 10 Prozent. Wenn die Schildkröten erwachsen werden und ihre Größe sich verändert, lassen sie einen Hornschild (Scute) fallen.

Scute braucht man, um einen Schildkrötenpanzer herzustellen. Diesen craftet man mit der Rezeptanordnung eines Helms aus fünf Scute-Items ❻. Der Panzer funktioniert wie ein Helm und hat dieselbe Stärke wie ein Eisenhelm. Jedoch hat er 60 Prozent mehr Haltbarkeit und noch einen zusätzlichen Effekt. Wenn der Spieler mit dem Helm taucht, bekommt er für zehn Sekunden einen Unterwasseratmungseffekt und kann somit länger unter Wasser bleiben. Der Effekt erneuert sich, wenn der Spieler auftaucht und wieder abtaucht. Die Luftblasenleiste eines Spielers nimmt erst ab, wenn der Effekt des Helms komplett ausgelaufen ist.

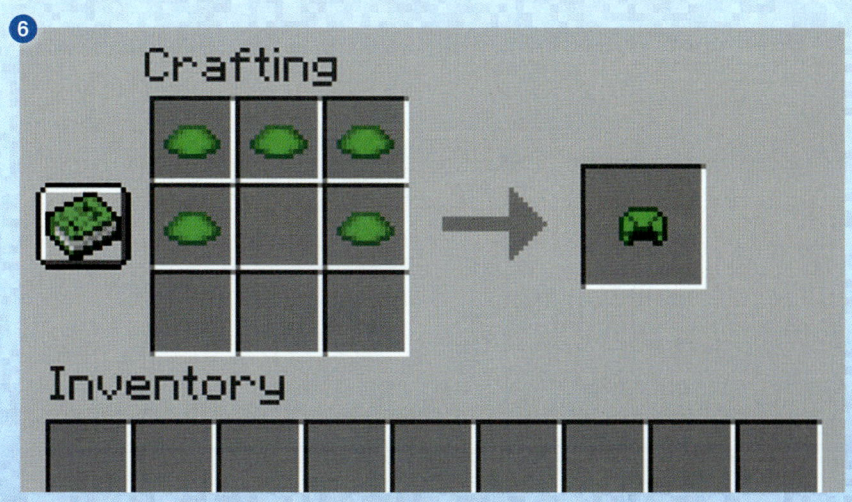

Crafting

Inventory

TECHNIK. EISENFARM

Bei einer Eisenfarm 1 nutzt man – ähnlich wie bei der Emeraldfarm – ebenfalls die Technik eines künstlichen Dorfs. Falls man bereits eine Emeraldfarm besitzt oder ein anderes Dorf in der Nähe ist, sollte man die Eisenfarm in einer entsprechenden Entfernung von mindestens 100 Blöcken bauen.

Mit dieser Farm kann komplett passiv Eisen gefarmt werden, und man muss nach dem Bau nichts mehr aktiv dafür tun. Während man an anderen Stellen weiterbaut und die Chunks der Farm geladen werden, wird sie automatisch Eisen sammeln.

Die Größe der Spawn-Flächen für Eisengolems beträgt 18x18 Blöcke. Zusätzlich sollte man in jede Richtung noch sechs weitere Blöcke Platz haben. Die Farm sollte generell in der Luft schwebend gebaut werden, da man den Eisengolems auf diese Weise keine Chance gibt, außerhalb der Spawn-Fläche zu spawnen.

Zunächst müssen die Spawn-Plattformen gebaut werden. Dabei kann man beliebige Blöcke verwenden. In der Mitte jeder Spawn-Plattform gibt es eine Aussparung in der Größe von 2x2 Blöcken ②. Das ist der Fallschacht für die Eisengolems, die mit Hilfe von Wasser auf den Plattformen dort hineingeschoben werden.

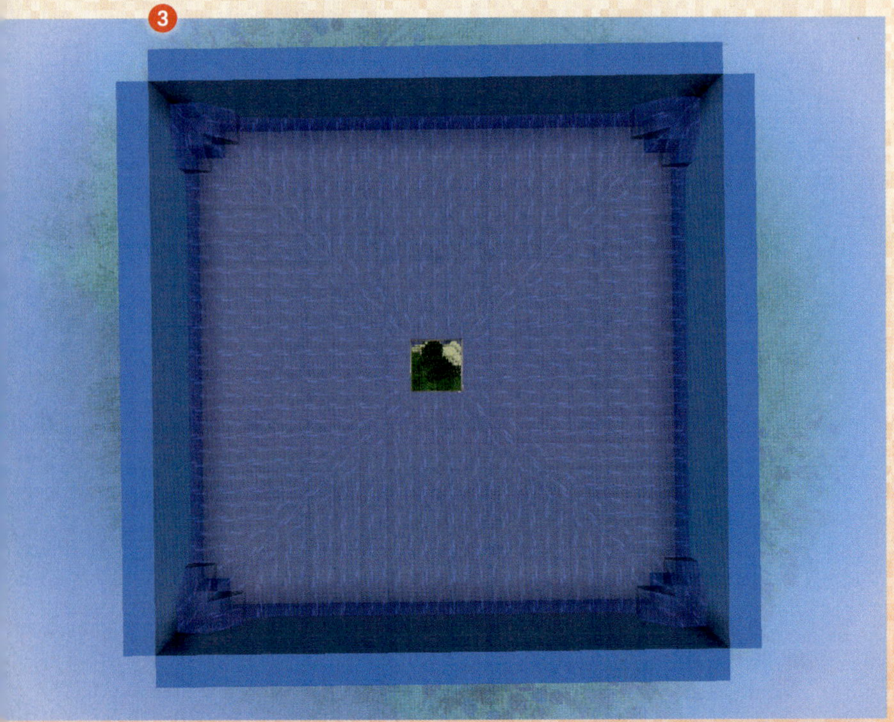

5

Ein Block hinter der Plattform wird eine Wand nach oben gezogen, so dass ein Kasten entsteht. Diese Wand wird zunächst drei Blöcke in die Höhe gebaut, damit dort kein Wasser hinausfließen kann. In jede Ecke der Plattform wird ein weiterer Block gesetzt, um ideale Wasserströme formen zu können, die die Plattform abräumen. Auf diese Blöcke und jeweils an den Wänden der Plattform entlang werden Wasserquellblöcke platziert. Der Wasserstrom sollte dann genau bis zum Loch in der Mitte reichen und alles hinunterschwemmen, was sich darauf befindet. Damit sich keine Quellblockfläche bildet, sollten neben den Blöcken in den Ecken keine Wasserquellblöcke platziert werden ❸.

Auf die drei Blöcke hohe Wand werden Türen platziert. An jede Seite kommen sechs Türen, vier Blöcke und wieder sechs Türen ❹. Insgesamt werden 48 Türen verbaut.

An die Außenseiten werden kleine Räume für die Dorfbewohner gebaut. Die Blöcke zwischen den Türen stellen jeweils eine Wand dar. Die Räume sind 4x4 Blöcke groß und besitzen eine Außenwand ❺. In jeden dieser Räume werden später vier Dorfbewohner gesetzt. Mit 16 Bewohnern ist das Dorf dann groß genug, um Eisengolems zu spawnen. Die Dorfbewohnerräume befinden sich auf einer Höhe mit den Türen.

Die zweite Spawn-Plattform wird mit vier Blöcken Abstand über die erste Plattform gebaut. Sie liegt damit auf Kopfhöhe der Dorfbewohner und auf Ebene der oberen Hälfte der Türen. Die Wände der oberen Spawn-Plattform sind nur noch zwei Blöcke hoch, um die Wasserströme wie auf der ersten Plattform setzen zu können. Auf die Wände können noch halbe Blöcke gesetzt werden, um das Spawnen von Monstern zu verhindern. Die Farm besitzt allerdings kein Dach, sie ist nach oben offen 6.

Die Räume der Dorfbewohner kann man aber abriegeln und zubauen. Den Räumen sollte man eine Deckenhöhe von drei Blöcken geben. Um zu verhindern, dass auch dort Monster spawnen, kann Wasser auf den Boden gesetzt werden. Am besten wird das Wasser so platziert, dass die Dorfbewohner in Richtung Farm gedrückt werden 7. Die Dorfbewohner kann man mit Minecarts und Schienen einzeln in die Räume transportieren. Dazu braucht man vorher einige Dorfbewohner, die man beispielsweise aus der Emeraldfarm bekommt.

Zum Schluss muss noch eine Lavastation für die Eisengolems gebaut werden. Nachdem die Dorfbewohner hinzugefügt wurden, sollten Eisengolems anfangen zu spawnen. Dazu kann man den Fallschacht unter den Spawn-Plattformen bis auf die gewünschte Höhe verlängern. Auf den Boden des Fallschachts werden Trichter platziert, die alle fallen gelassenen Items in eine Kiste transportieren. Zwei Blöcke darüber werden an den Wänden des Fallschachts Schilder platziert. Auf eins der Schilder wird im Anschluss Lava gesetzt. Die Schilder halten die Lava in Position, so dass sie nicht herunterfließt **8**.

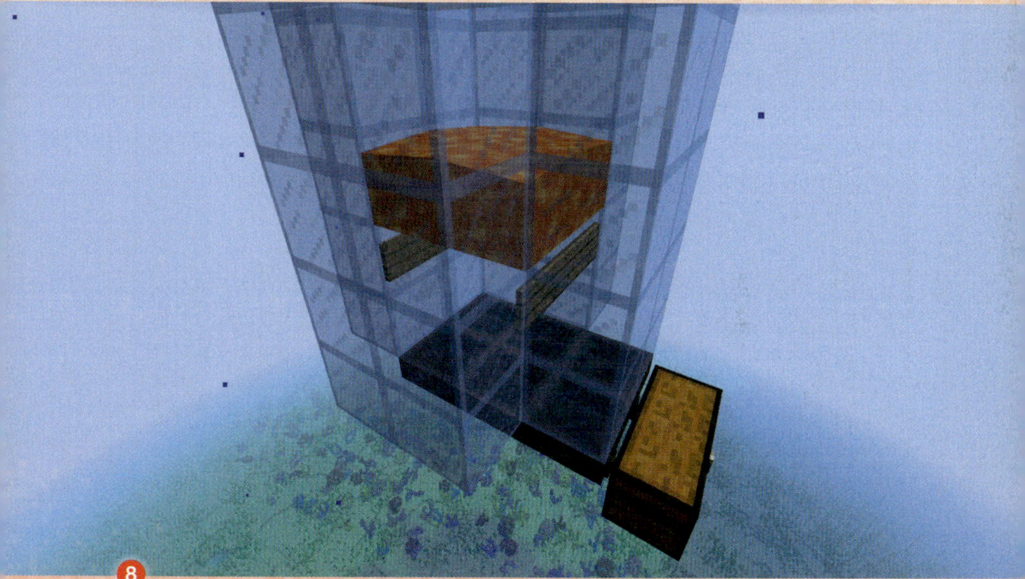

Die Eisengolems, die den Schacht herunterfallen, bleiben auf den Trichtern stehen, und da sie drei Blöcke groß sind, befinden sich ihre Köpfe noch in der Lava. Sie verbrennen dort und lassen ihr Eisen in die Trichter fallen. Oft sind auch rote Rosen mit dabei.

Die Farm sollte im Abstand von einigen Minuten immer wieder neue Eisengolems produzieren, die automatisch abgefarmt werden. Der Spieler muss nur gelegentlich in die Kiste schauen und das Eisen entnehmen.

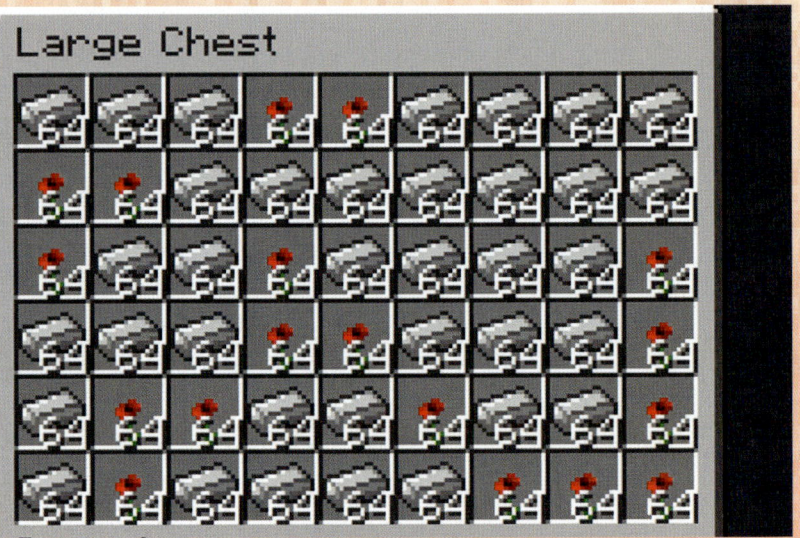

BUGS: BEDROCK ZERSTÖREN

Eine Sache wurde von den Spieleentwicklern definitiv nicht geplant. Ich spreche von einer Methode, mit der man Bedrock zerstören kann. Eigentlich soll es als härtestes Material im Spiel nicht zerstörbar sein, zumindest solange man sich nicht im Kreativmodus befindet. Allerdings kann man auch im Überlebensmodus Bedrock zerstören. Nützlich ist das beispielsweise, um ein Loch in die Decke des Nethers zu machen. Denn dort oben ist der perfekte Ort für eine Goldfarm.

Um Bedrock-Blöcke zu zerstören, braucht man mehrere Materialien. Neben einigen Stacks Redstone und ein paar Repeatern braucht man einen Piston, einen Hebel und ein Drachenei. Das Drachenei ist am schwierigsten zu bekommen, aber wenn man die Welt größtenteils durchgespielt hat und den Enderdrachen besiegt hat, sollte das kein Problem sein.

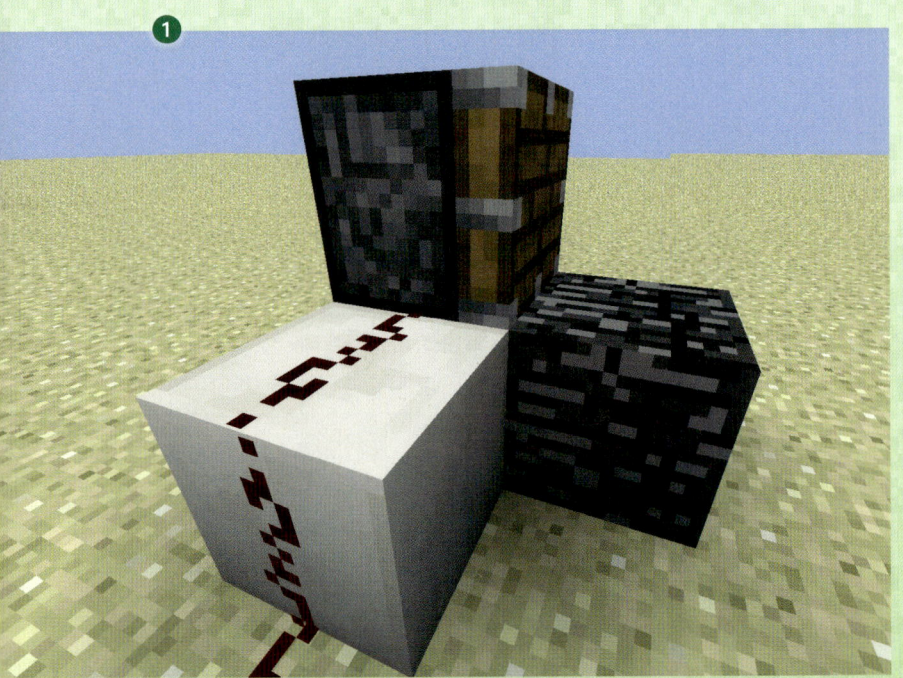

Zunächst platziert man den Piston. Er wird so ausgerichtet, dass sich der Block, der zerstört werden soll, direkt vor dem Block befindet, auf dem der Piston steht ❶.

Die Idee besteht darin, dass ein Drachenei auf einem ausgedehnten Piston platziert wird ❷. Der Piston wird zusammengezogen und wieder ausgedehnt, und das Drachenei fällt dabei nach unten und ersetzt durch einen Spielfehler den Bedrock-Block.

Damit dieser Trick funktioniert, nutzt man die Mechanik aus, mit der das Spiel die Chunks der Karte lädt, und das Verhalten von Dracheneiern. Dabei muss man zwischen dem Singleplayer und dem Multiplayer unterscheiden. Im Singleplayer kann der Spieler eine beliebige Sichtweite einstellen. Im Multiplayer geht das zwar auch, aber der Server hat standardmäßig eine Sichtweite von zehn Chunks. Es werden also immer zehn Chunks vom Server geladen, auch wenn der Spieler selbst eine kleinere Sichtweite einstellt.

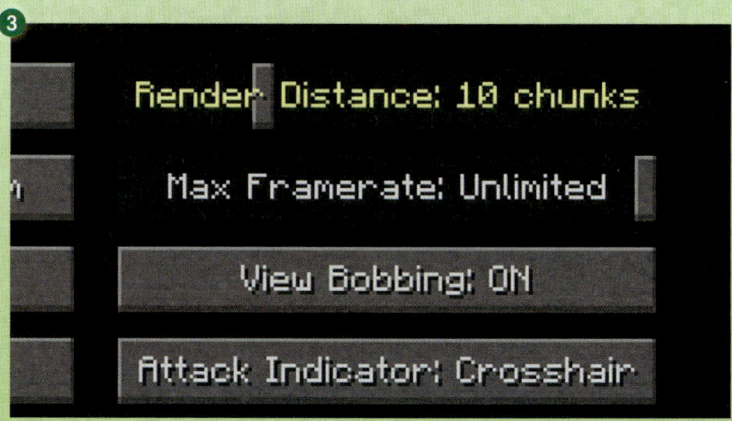

In diesem Beispiel wird die Multiplayer-Variante erklärt, die auch im Singleplayer funktioniert.

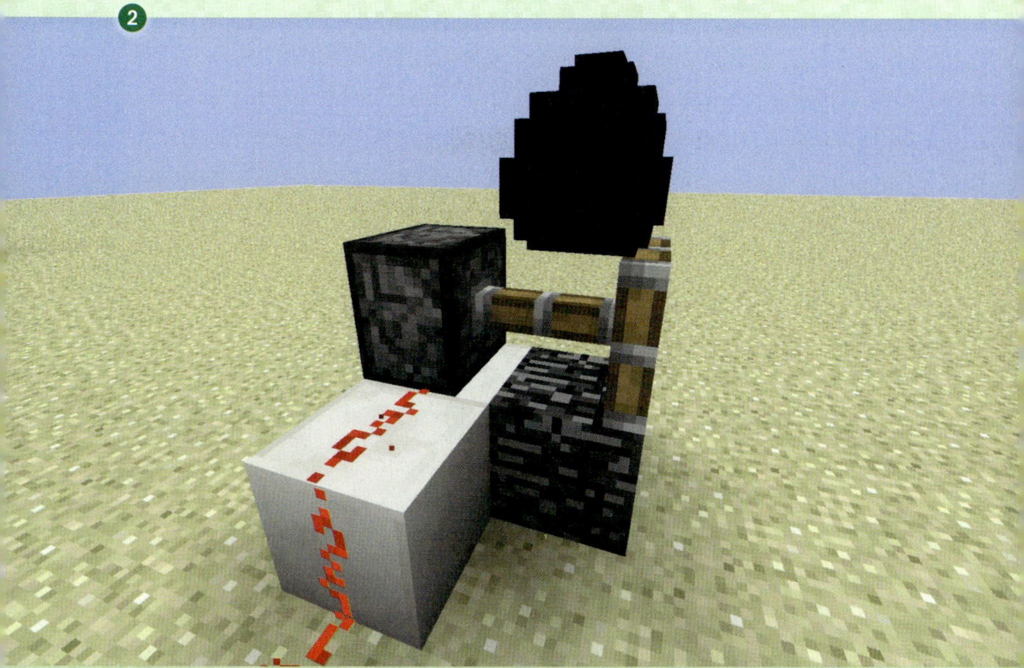

Zunächst muss der Spieler seine Sichtweite in den Video-Optionen auf zehn Chunks stellen ❸.

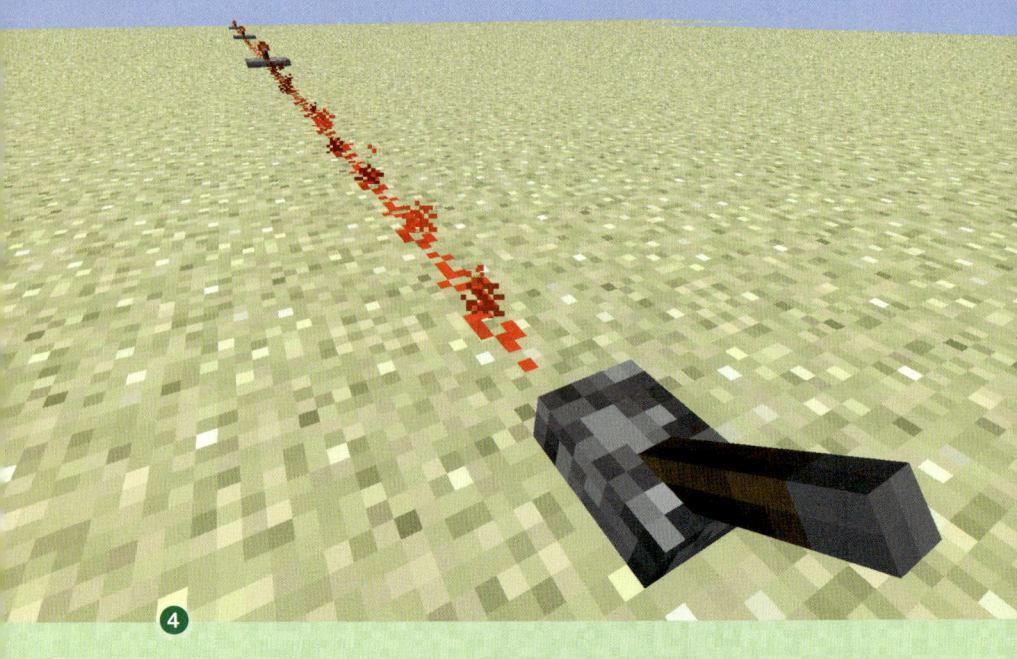

4

Dann muss der Spieler sich so weit von der Konstruktion mit dem Drachenei entfernen, dass es in der Ferne verschwindet. Diese Stelle findet man einfach durch leichtes Vor- und Zurückgehen heraus. Gegebenenfalls sind Modifikationen wie Optifine nützlich, um den Nebel auszublenden. Wenn man die Stelle gefunden hat, platziert man ungefähr drei bis fünf Blöcke entfernt einen Hebel auf dem Boden. Diesen verbindet man mit Redstone und Repeatern als Verlängerung den ganzen Weg zurück bis zum Piston **4**.

Mit der langen Leitung kann man aus der Entfernung den Piston bedienen, so dass er sich zusammenzieht und ausdehnt. Der Spieler kann damit einen Block bewegen, der sich in einem Chunk befindet, der nicht geladen ist.
Um das Drachenei richtig platzieren zu können, schaltet man den Hebel zunächst ein, geht zum Piston zurück und setzt es auf die ausgedehnte Pistonseite. Wenn nun aus der Entfernung der Hebel ausgeschaltet und kurz danach wieder eingeschaltet wird, zieht sich der Piston zusammen und dehnt sich wieder aus. Zurück bei der Dracheneikonstruktion wird man feststellen können, dass das Drachenei den Bedrock-Block ersetzt und damit zerstört hat **5**.

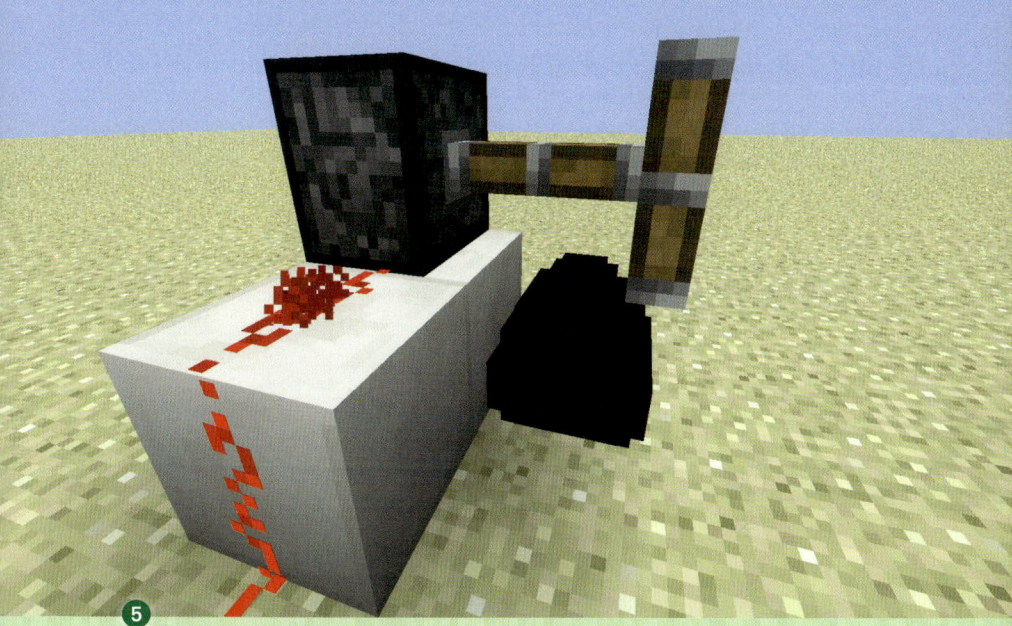

⑤

Mit einem Rechtsklick auf das Ei kann man es zu einer anderen Position teleportieren und dann wieder einsammeln. Falls das Bedrock an dieser Stelle mehrere Lagen besitzt, muss man den Prozess so lange wiederholen, bis man durch die Decke durchgebrochen ist.

Auf diese Weise lässt sich nicht nur Bedrock zerstören, sondern auch sämtliche andere Blöcke. Im gezeigten Beispiel auf den Bildern habe ich das Experiment auf einem hellen Hintergrund aufgebaut, da der Nether immer so dunkel wirkt.

Der Unterschied bei der Singleplayer-Variante ist, dass man nicht auf zehn Chunks Abstand beschränkt ist. Das Spiel im Singleplayer lädt tatsächlich nur so viele Chunks, wie der Spieler in den Optionen einstellt. Man kann den Wert beispielsweise auf vier stellen und muss keine lange Redstone-Leitung legen. Es kann sein, dass man für den Versuch mehrere Anläufe braucht und es nicht jedes Mal auf Anhieb klappt.

AQUATIC UPDATE: TRÄNKE, VERZAUBERUNGEN UND EFFEKTE

Zu den Neuheiten des Aquatic Updates gehören auch neue Tränke, Verzauberungen und Effekte.
Die von Phantomen fallen gelassene Phantomhaut kann als Brauzutat für einen neuen Trank genutzt werden. Mit einem »Seltsamen Trank« und der Phantomhaut kann in einem Braustand der »Trank des sanften Falls« gebraut werden ❶.

Wenn der Spieler diesen Trank benutzt, kann er keinen Fallschaden mehr bekommen, egal aus welcher Höhe er fällt. Außerdem fällt der Spieler auch viel langsamer als normalerweise, wie der Name des Tranks schon andeutet. Ein weiterer Vorteil des Tranks ist, dass keine Getreidefelder zerstört werden, wenn ein Spieler mit dem Trankeffekt auf das Feld springt.

❶

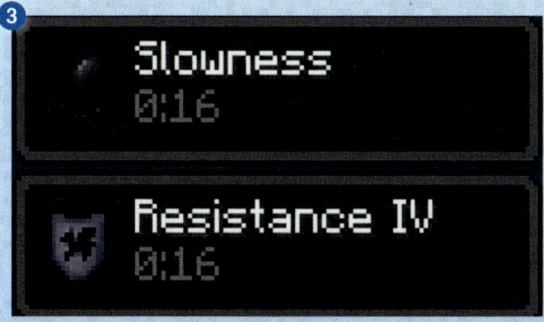

Ein weiterer neuer Trank ist der »Trank des Schildkrötenmeisters«. Den Schildkrötenpanzer einer Schildkröte kann man nicht nur als Helm benutzen, sondern auch als Brauzutat für neue Tränke. Dazu benutzt man den Panzer als Brauzutat im Braustand mit einem »Seltsamen Trank« ②. Der »Trank des Schildkrötenmeisters« gibt dem Spieler einen sehr hohen Verteidigungswert auf Kosten der Bewegungsfreiheit. Er setzt den Langsamkeitseffekt auf Stufe 4 und den Resistenzeffekt auf Stufe 3. Die Effekte halten grundsätzlich eine Minute, können aber mit dem Braustand auf drei Minuten verlängert werden.

Auf Level 2 bringt der Trank noch stärkere Resistenzwerte. Dort gibt er für eine Minute die Effekte Langsamkeit auf Stufe 6 und Resistenz auf Stufe 4 ③. Die Effekte eines Tranks auf Level 2 kön-

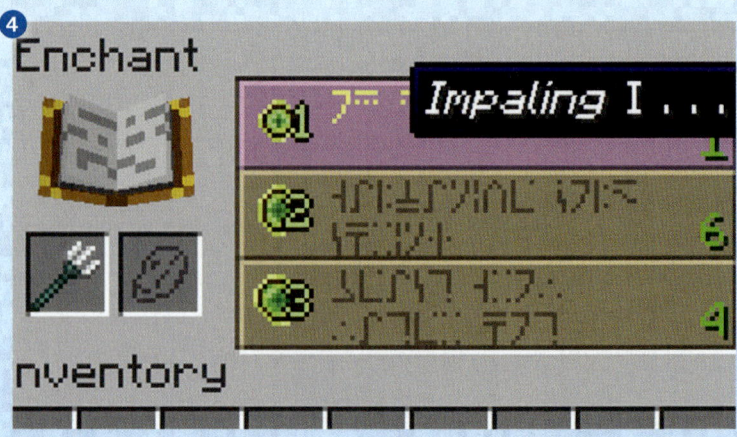

nen nicht mehr durch weiteres Brauen mit Redstone im Braustand verlängert werden. Resistenz auf Stufe 4 ist ein sehr mächtiger Effekt. Er absorbiert 80 Prozent des Schadens, der auf den Spieler einprasselt. Auf Stufe 5 wäre der Spieler unverwundbar, da der Resistenzeffekt pro Stufe 20 Prozent des Schadens absorbiert.

Als neue Verzauberungen für den Dreizack gibt es »Treue« (Loyalty), »Harpune« (Impaling), »Sog« (Riptide) und »Entladung« (Channeling).
Diese Verzauberungen gelten ausschließlich für den Dreizack und können auf keine anderen Waffen oder Werkzeuge gepackt werden. Sie sind auf normalem Weg über den Verzauberungstisch zu bekommen 4.
»Treue« (Loyalty) sorgt dafür, dass der geworfene Dreizack zum Spieler zurückkehrt, nachdem er den Boden oder einen Feind getroffen hat. Die Stufe der Verzauberung bestimmt, wie schnell er wieder zum Spieler zurückfliegt. Beim Aufprall des Dreizacks ist ein lautes Geräusch zu hören, und eine Art Schnur in der Farbe des Dreizacks windet sich in Richtung des Spielers 5.
Der Spieler darf währenddessen nicht sein Inventar füllen. Damit der Dreizack zurückkehren kann, muss ein freier Slot im Inventar des Spielers übrig bleiben. Falls der Spieler ein Item aufsammelt und das Inventar damit komplett gefüllt ist, fliegt der Dreizack wild um den Kopf des Spielers, bis wieder ein Slot frei ist.

»Harpune« (Impaling) verursacht Zusatzschaden an Monstern und Tieren, die im Wasser leben. Die Verzauberungsstufe geht von 1-5 6 und ist ähnlich zu werten wie die Schärfeverzauberung. Allerdings muss an der Stelle betont werden, dass »Harpune« nur für Unterwasserkreaturen gilt, während ein Schwert mit Schärfeverzauberung an allen Tieren mehr Schaden macht. Ein Dreizack ist nicht mit Schärfe kombinierbar.

»Sog« (Riptide) ist eine besondere Verzauberung. Sie ist nur aktiv, wenn der Spieler sich im Wasser oder Regen befindet. Der Spieler kann den Dreizack generell nur werfen, sofern eine dieser beiden Bedingungen erfüllt ist. Ansonsten kann er damit nur wie mit einem Schwert zuschlagen. Durch die Verzauberung kann der Spieler sich mit einem starken Stoß in Blickrichtung katapultieren. Das funktioniert auch senkrecht nach oben in die Luft. Allerdings bekommt der Spieler hierbei Fallschaden und muss damit vorsichtig umgehen, um sich nicht aus Versehen selbst zu töten. Er kann sich mit einem Dreizackwurf bis zu 33 Blöcke senkrecht in die Luft schießen. Während des Flugs verhält sich der Spieler wie ein rotierendes Projektil. Es gibt auch einen visuellen Effekt, der die Rotation des Spielers anzeigt **7**.

Diese Verzauberung ist perfekt als Elytrastarter geeignet. Der Spieler muss nur mit den Füßen im Wasser stehen und sich mit dem verzauberten Dreizack in die Luft katapultieren. In entsprechender Höhe kann mit der Leertaste die Elytra aktiviert werden, und der Spieler fliegt weiter **8**. Zwar kann man auch mit Hilfe von Raketen mit der Elytra aus dem Stand starten, aber mit dem Dreizack ist es wesentlich einfacher.

7

8

Wenn der Spieler sich wie ein Projektil durchs Meer bohrt und dabei auf ein Monster oder Tier trifft, verursacht er entsprechenden Schaden. Leider ist die Sogverzauberung aber nicht mit anderen Dreizackverzauberungen kombinierbar.

Nun fehlt noch die »Entladung« (Channeling). Diese hat einen ganz speziellen Anwendungsfall: Sie wird nur bei Gewittern aktiv. Wenn man einen Dreizack mit der Verzauberung bei Gewitter wirft, so schießt auf das getroffene Monster ein Blitz aus dem Himmel 9. Auf diese Weise kann man Creeper in aufgeladene Creeper verwandeln.

9

In früheren Versionen musste man ganz viel Glück haben, damit bei Gewitter zufällig ein Blitz auf einen Creeper einschlägt. Mit der Verzauberung kann man das seit dem Aquatic Update selbst steuern. Damit ist es auch einfacher, Monsterköpfe zu farmen. Wenn ein aufgeladener Creeper explodiert und dabei andere Monster tötet, können diese ihren Kopf fallen lassen. Das ist die einzige Möglichkeit, um im Überlebensmodus an Skelettköpfe, Creeperköpfe und Zombieköpfe zu kommen.

Es gibt noch weitere kleine Eastereggs, für die man einen Blitz braucht. Neben der Verwandlung eines Creepers in einen aufgeladenen Creeper kann man auch Schweine in Zombie Pigmen und Dorfbewohner in Hexen verwandeln, wenn man einen Blitz auf sie schießt ⑩.

Als neuen Effekt gibt es die »Gunst des Delfins«. Dafür muss der Spieler sich im Wasser befinden und schwimmen. Wenn der Spieler dabei in die Nähe eines Delfins kommt, bekommt er den Effekt »Gunst des Delfins«. Damit schwimmt er schneller. Der Effekt hält für fünf Sekunden ⑪. Gelegentlich folgen die Delfine dem Spieler und erneuern den Effekt immer wieder.

TECHNIK.
GOLDFARM

Gold braucht man im Spiel für jede Menge wichtiger Dinge. Einerseits können goldene Äpfel für Kämpfe gecraftet werden, andererseits kann man Gold bei Dorfbewohnern gegen Emeralds eintauschen.

Es gibt eine Möglichkeit, wie man neben dem Suchen in Minen noch sehr schnell an große Mengen Gold kommt: Das geht am besten mit einer Goldfarm im Nether. Zombie Pigmen können Goldnuggets und auch gelegentlich Goldbarren als Loot fallen lassen. Das macht man sich zunutze, indem man im Nether Spawn-Plattformen und eine Sammeleinrichtung baut. Neben Gold kann man in dieser Farm auch Erfahrungspunkte und Zombiefleisch sammeln.

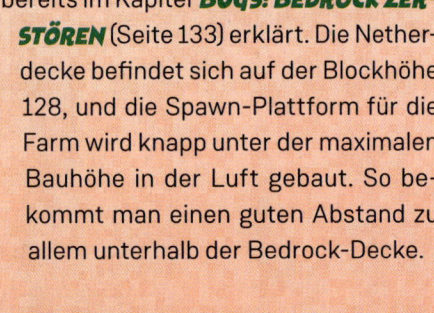

Idealerweise baut man die Anlage über der Netherdecke. Wie man durch die Bedrock-Blöcke kommt, wurde bereits im Kapitel **BUGS: BEDROCK ZER-STÖREN** (Seite 133) erklärt. Die Netherdecke befindet sich auf der Blockhöhe 128, und die Spawn-Plattform für die Farm wird knapp unter der maximalen Bauhöhe in der Luft gebaut. So bekommt man einen guten Abstand zu allem unterhalb der Bedrock-Decke.

Es gibt ein gewisses Limit für Monster, die in der Umgebung spawnen können. Wenn auch noch Monster unterhalb der Mobfarm spawnen können, verringert sich dafür deren Effizienz. Um das meiste herauszuholen, nimmt man einen Abstand von mindestens 75 Blöcken zur Netherdecke, da ab dieser Entfernung um den Spieler herum keine weiteren Monster spawnen können.

In der Nähe des maximalen Baulimits kann man sich sicher sein, sehr effizient zu bauen.

Die Farm besteht aus mehreren Ebenen. Ganz oben gibt es eine Schicht aus halben Blöcken, die auf der Unterseite der Blockhöhe platziert werden. Darauf sollen keine Monster spawnen können, diese Ebene bildet das Dach der Mobfarm.

Darunter kommen zwei Blöcke Luft und dann der Boden der Spawn-Plattform ❶. Zombie Pigmen werden darauf spawnen, sofern ein anderes Material als Bedrock verwendet wird. Im Bild wurden zur Veranschaulichung der Abstände Goldblöcke auf der linken Seite platziert.

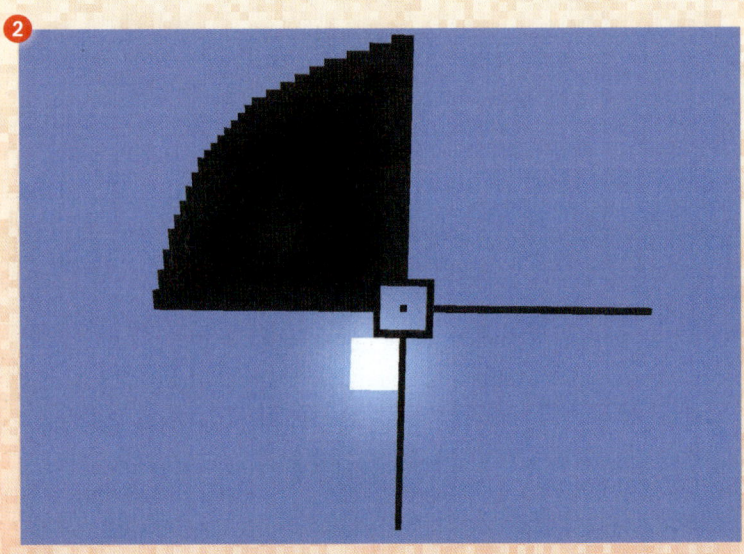

Um den Aufbau besser zeigen zu können, wurden einige der Bilder nicht im Nether gemacht. Mit einem blauen Hintergrund sind viele Dinge besser zu erkennen.
Die Spawn-Plattform wird idealerweise kreisförmig gebaut ❷, da die Monster im Abstand von 37 Blöcken um den Spieler herum spawnen können.

In der Mitte der gebauten Spawn-Plattform gibt es eine Sammelstation für die Monster. Zombie Pigmen haben ein Gruppenverhalten: Greift man einen an, so werden sich alle anderen Pigmen im Umkreis umdrehen und den Spieler ebenfalls angreifen. Während sie blind auf den Spieler zulaufen, fallen sie in einen Fallschacht und können entweder vom Spieler gefarmt werden oder sie sterben durch Fallschaden.
Genau in der Mitte wird ein Block platziert, auf den sich der Spieler stellt, um die Pigmen anzulocken ❸. Die Spawn-Plattform endet mit vier Blöcken Abstand zum mittleren Block. An die Seiten der Plattform werden eingeklappte Falltüren gesetzt. Monster laufen freiwillig darauf, weil sie die Falltür fälschlicherweise als ganzen Block erkennen, und fallen hinein.

Um die neutralen Zombie Pigmen anzulocken, muss sich der Spieler auf den zentralen Block stellen und sie mit Pfeilen abschießen. Vor dem Spieler, mit zwei Blöcken Abstand zum zentralen Block, wird mit halben Blöcken eine kleine Wand gebaut. In der Wand werden Lücken gelassen, so dass man mit einem Pfeil hindurchschießen kann **4**.

Falls man die Pigmen selbst mit einem Schwert farmen möchte, stattet man den Boden des Fallschachts mit Hoppern aus und baut diesen auch nicht zu tief ❺. So kann man in der Nähe der Spawn-Plattform bleiben und gleichzeitig neue Pigmen anlocken, während man die alten Pigmen abfarmt. Die Farm ist am effektivsten, wenn man ein Schwert mit Glücksverzauberung verwendet, anstatt auf Fallschaden zu setzen.

Die Hopper auf dem Boden des Fallschachts führen in eine Kiste ❻. Es ist sogar besser mehrere Kisten zum Entleeren der Hopper zu verwenden, da man viel schneller Items bekommt, als dass die Hopper diese weiterleiten können. Das Kistenlagersystem kann vergrößert werden, indem mehrere Hopper und Kisten unterein-andergesetzt werden.

Der Spieler muss die Farm im Anschluss nur noch starten: Er zieht die Aggression eines Zombie Pigmen auf sich, beispielsweise durch Schießen mit Pfeilen oder Werfen von Schneebällen. Die Monster werden sich nun nach und nach im Sammelbereich einfinden, und der Spieler kann sie mit dem Schwert töten.
Wenn eine gewisse Anzahl an Zombie Pigmen erreicht wird, spaw-nen auch keine neuen auf der Spawn-Fläche. Es ist ein Selbst-schutz des Spiels, nicht unendlich viele Monster zu produzieren. Die maximale Zahl an spawnenden Monstern pro Chunk ist begrenzt. Gelegentlich kann es passieren, dass die Zombies ihre Aggression auf den Spieler verlieren. In diesem Fall müssen sie erneut abge-schossen werden ❼. (Der Hintergrund auf dem Bild ist so rot, da ein Nachtsichttrank verwendet wurde, um das Bild heller zu machen.)

Eine Alternative zur Tötungsmechanik ist ein Fallschacht. Dabei fal-len die Monster viele Blöcke in die Tiefe und sterben durch Fallscha-den. Idealerweise können sie auf eine Ebene mit Trichtern fallen, so dass die Items auch dort automatisch eingesammelt werden. Der Nachteil dabei ist, dass die Monster weniger Items fallen lassen, weil keine Glücksverzauberung auf einer Waffe verwendet wird. Außerdem muss man immer wieder zwischen Farm und Sammel-

station pendeln, um die Erfahrungspunkte einzusammeln. Bei der Sammelstation direkt unter der Plattform werden die Erfahrungspunkte automatisch eingesammelt. Zu viele Erfahrungspunkte, die auf der Karte frei herumliegen, können – ähnlich wie zu viele Monster an einem Fleck – die Spiel-Performance in die Knie zwingen. Außerdem stoppt die Farm, wenn der Spieler sich zu weit von der Spawn-Plattform entfernt, um die Erfahrungspunkte einzusammeln.

Der Vorteil eines Fallschachtes ist allerdings, dass man längere Zeit ohne Aktion in der Farm warten kann und sie dabei einfach weiterläuft.

5 DINGE IN MINECRAFT, DIE DU NOCH NICHT WUSSTEST! #06

NEW

Redstone Comparator können an Behälter für Items platziert werden. Sie geben ein Signal aus, dessen Stärke von der Menge der Items abhängt, die in den Behältern enthalten ist.

Das gilt auch für Plattenspieler, in die eine Schallplatte gepackt wird. Da immer nur eine Schallplatte in einen Plattenspieler gelegt werden kann, würde man meinen, dass das Comparator-Signal auch immer nur einen Block weit reicht. Das ist aber nicht der Fall **1**.

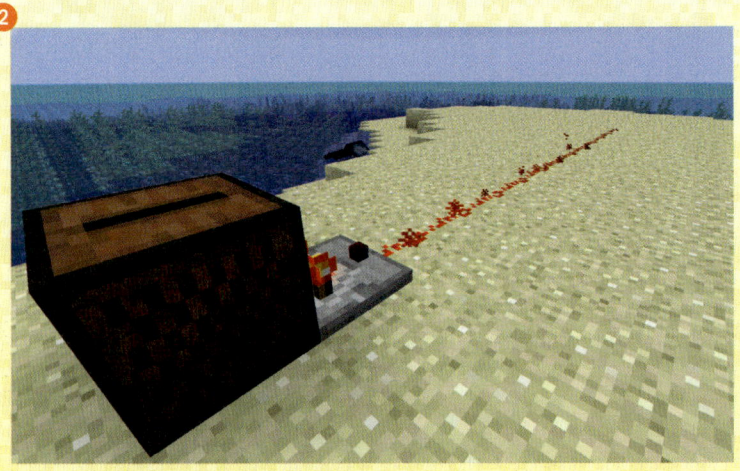

Das Signal ist unterschiedlich lang, abhängig von der ID der Schallplatte. Es gibt insgesamt zwölf verschiedene Schallplatten. Die gelbe ist die erste Schallplatte in der Reihe und die hellblaue die letzte. Das Redstone-Signal bei der gelben Schallplatte reicht einen Block weit, während das Signal der hellblauen Schallplatte zwölf Blöcke weit reicht **2**.

Creeper kann man mit Feuerzeugen zum Explodieren bringen. Das kann man für eine besondere Sache nutzen. Wenn ein Creeper einen Trankeffekt bekommt und er explodiert, während der Effekt aktiv ist, dann erscheint anstelle der Explosion eine Trankwolke **3**.

Diese funktioniert ähnlich wie die Trankwolke eines Verweiltranks, den man mit dem Drachenatem brauen kann. Wenn der Trank eine Dauer von drei Minuten hat und der Spieler die Trankwolke betritt, dann bekommt er diesen Effekt für die entsprechende Zeit überschrieben.
Creeper sind also laufende Verweiltränke, für die man den Enderdrachen nicht besiegen muss! Der Verweiltrankeffekt wird mit der Zeit immer kleiner, bis er komplett verschwindet. Mit der Tastenkombination F3+B kann man sich die Größe der Trankwolke anzeigen lassen **4**.

③

④

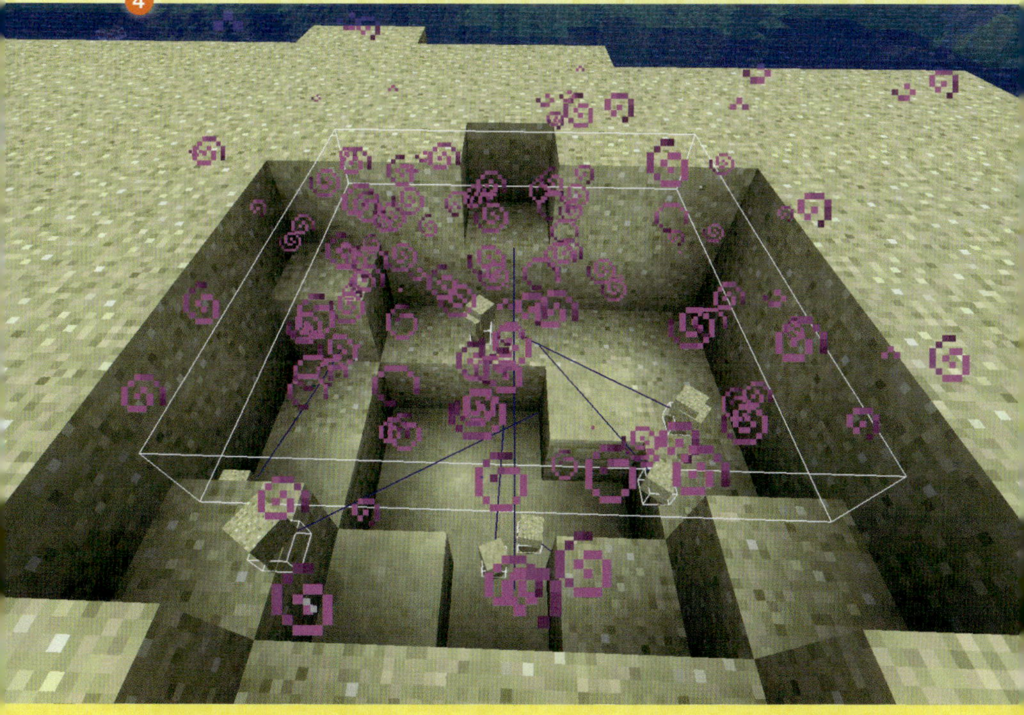

Es gibt verschiedene Mondphasen in Minecraft, die man auch selbst einstellen kann. Dafür benötigt man den Zeitbefehl. Mit /time set 15000 bekommt man einen Vollmond ⑤.
Mit /time set 65000 hat man einen Halbmond und mit /time set 110000 einen Neumond ⑥.

Wenn man eine Welt neu startet, liegt der Zeitwert bei 0. In der ersten Nacht, die immer eine Vollmondnacht ist, wächst dieser auf 15.000. Der Zeitwert erhöht sich mit jeder Sekunde, in der man sich in der Welt befindet.
Mit /time set 206000 bekommt man erneut einen Vollmond und der Mondzyklus beginnt von vorn.

Schneebälle nutzt man eher selten im Spiel. Sie können aber gegen Blazes im Nether nützlich sein. Als Feuermonster bekommen diese durch Schneebälle Schaden, auch wenn Schneebälle normalerweise 0 Schaden an Tieren anrichten. Interessant ist aber auch, dass Schneebälle Leinen zerstören können. Wirft man einen Schneeball gegen den Leinenknoten an einem Zaun, so fällt die Leine herunter ⑦.

⑤

Kessel können auch in Redstone-Schaltungen Anwendung finden. Wenn man einen Kessel platziert, ihn mit Wasser füllt und daran einen Comparator setzt, gibt der Comparator ein Redstone-Signal aus, welches abhängig ist vom Füllstand des Kessels. Ist der Kessel fast leer, wird nur ein schwaches Signal von einer Blocklänge weitergeleitet. Ist der Kessel voll, reicht das Signal drei Blöcke weit 8.

AQUATIC UPDATE: KORALLENRIFFE UND EISBERGE

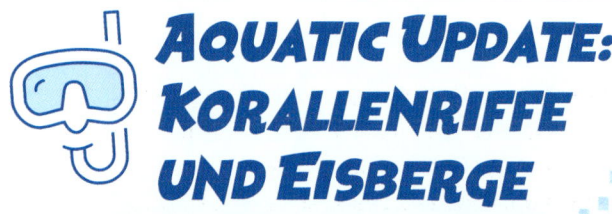

1

In warmen Ozean-Biomen können Korallenriffe generiert werden. Diese bestehen aus fünf unterschiedlichen Korallenarten **1**, die auf dem Meeresboden vielfältige Strukturen bilden. Es gibt Orgel-korallen, Hirnkorallen, Blasenkorallen, Feuerkorallen und Geweih-korallen.

Außerdem wird zwischen drei verschiedenen Korallenelementen unterschieden: Blöcke, Fächer und normale Korallen. Korallenblöcke sind, wie der Name schon sagt, die großen farbigen Blöcke, die die Grundstruktur bilden. Die Korallenfächer sitzen immer seitlich an diesen Korallenblöcken. Die Korallen selbst wachsen auf der Oberseite ❷.

Das Korallenriff ist gut durchmischt. Auf Feuerkorallenblöcken können sich alle anderen Korallen ansiedeln. Einheitlich ist nur das Grundgerüst aus den Blöcken. Dies besteht in der Regel immer aus einer Art. Neben Korallen und Korallenfächern kann auch Seegras auf den Blöcken wachsen ❸.

Die Korallenarten können mit einer Silktouch-Spitzhacke abgebaut und eingesammelt werden. Danach können sie an einem anderen Ort wieder aufgebaut werden. Falls die Korallenblöcke nicht richtig unter Wasser platziert werden, sterben sie allerdings ab. Nach fünf Sekunden an Land verwandeln sie sich in abgestorbene Korallenblöcke. Diese sind grau, haben aber noch das ursprüngliche Korallenmuster ❹.

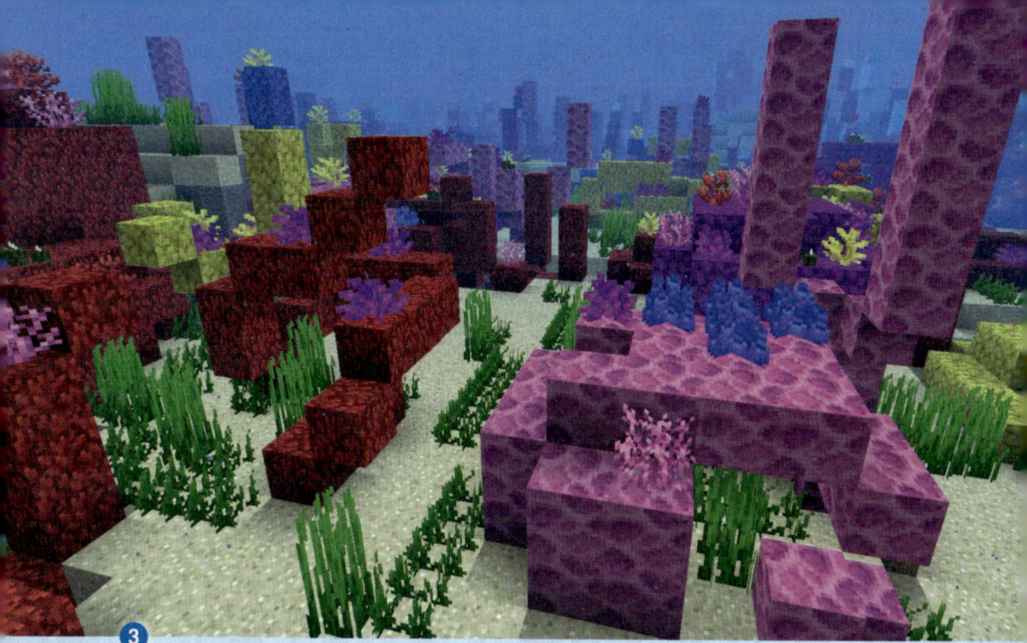
3

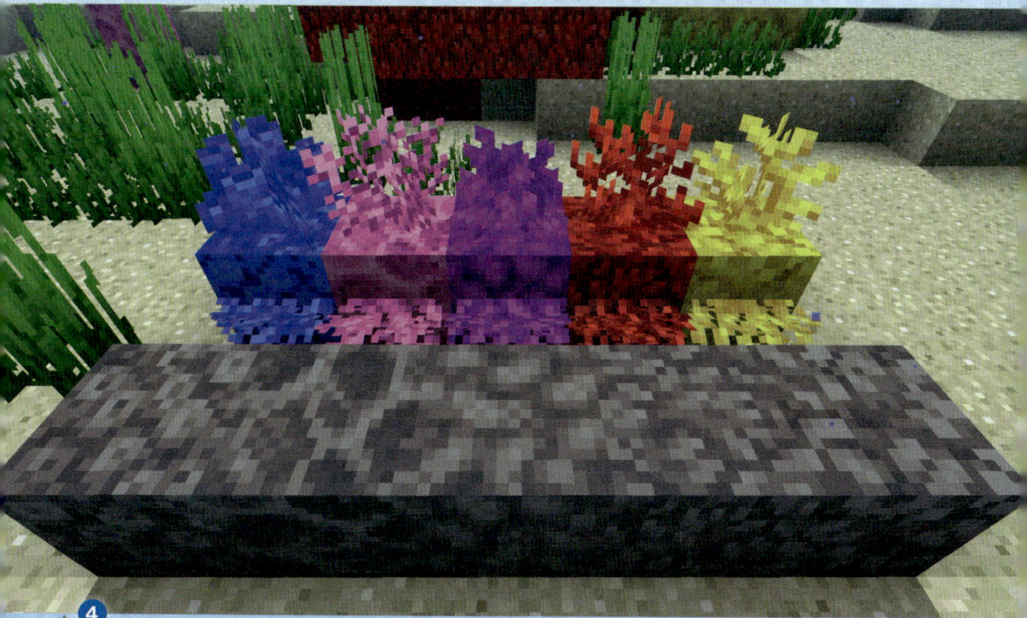
4

5

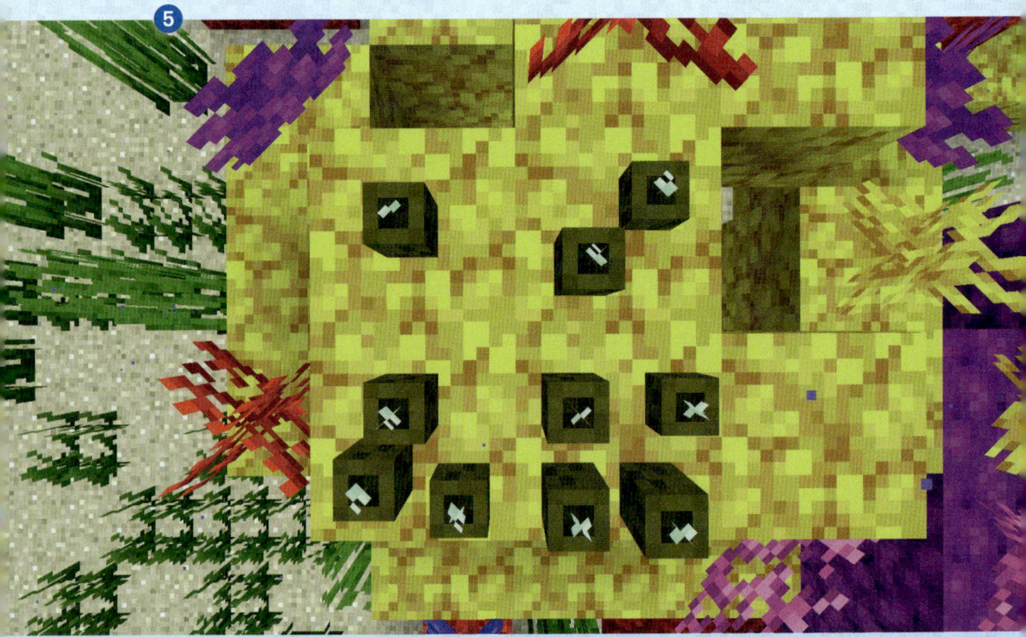

6

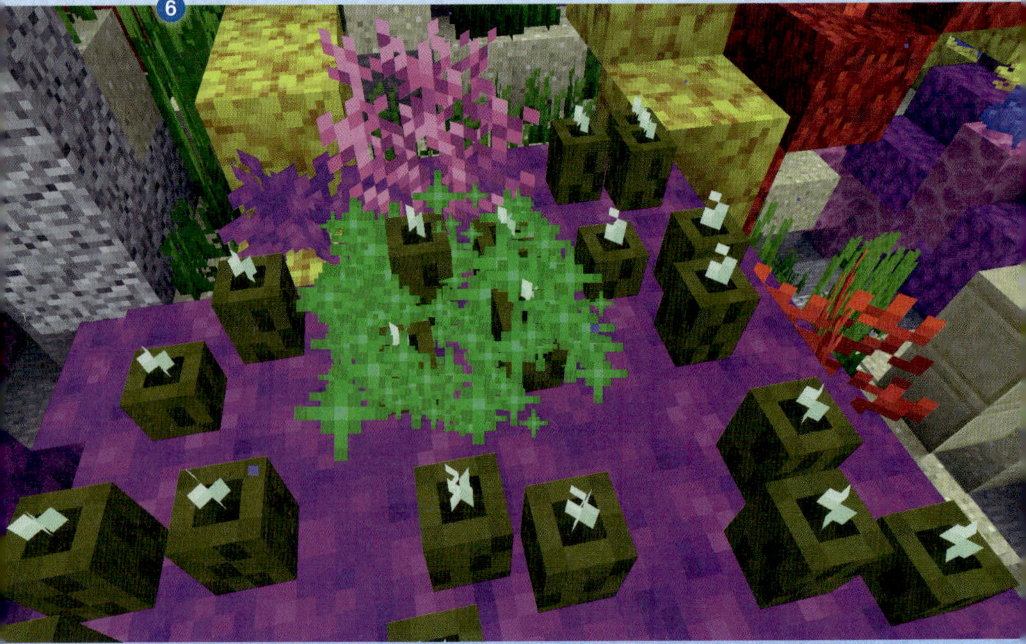

Vereinzelt wird man in einem warmen Korallenriff auch Meeresgurken finden. Die Meeresgurken sind eine Lichtquelle und beleuchten die Unterwasserszenerie. Ihre Leuchtkraft hängt davon ab, wie viele Meeresgurken auf einem Block sitzen. Je mehr sich auf einem Block tummeln, umso heller wird es. Sie funktionieren ähnlich wie Schildkröteneier. Man kann bis zu vier Meeresgurken auf einen Block setzen ❺.

Die Meeresgurken sind Pflanzen. Aus diesem Grund kann man auch Knochenmehl auf ihnen benutzen. Befindet sich die Gurke auf einem Korallenblock, vermehrt sie sich und sie verbreitet sich auch auf andere Korallenblöcke. Dabei erscheinen grüne Partikel ❻. Das ist ähnlich wie bei der Anwendung von Knochenmehl auf andere Pflanzen. So kann man Meeresgurken gut vermehren. Falls die Gurke nicht auf einer Koralle sitzt, hat der Einsatz von Knochenmehl keinen Effekt und sie vermehrt sich nicht.

Eine weitere Anwendung für die Meeresgurke ist die Gewinnung von Farbstoff. Wenn sie mit Brennstoff in einen Ofen gepackt wird, bekommt man als Ergebnis hellgrünen Farbstoff ❼. So kann man auch ohne Kakteen darankommen. Für normalen grünen Farbstoff braucht man aber immer noch Kakteen.

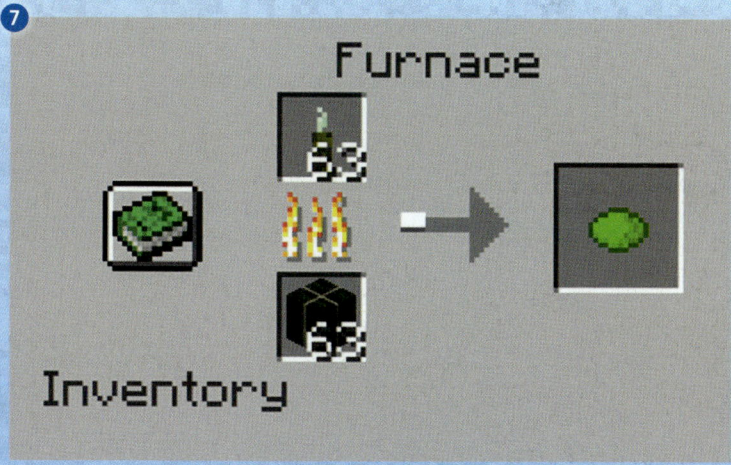

8

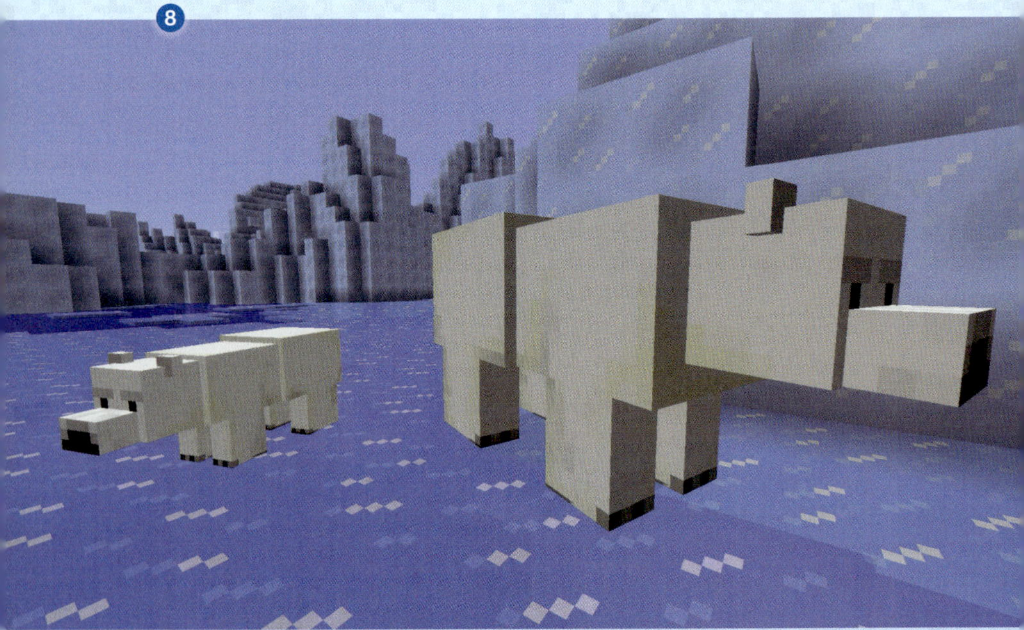

9

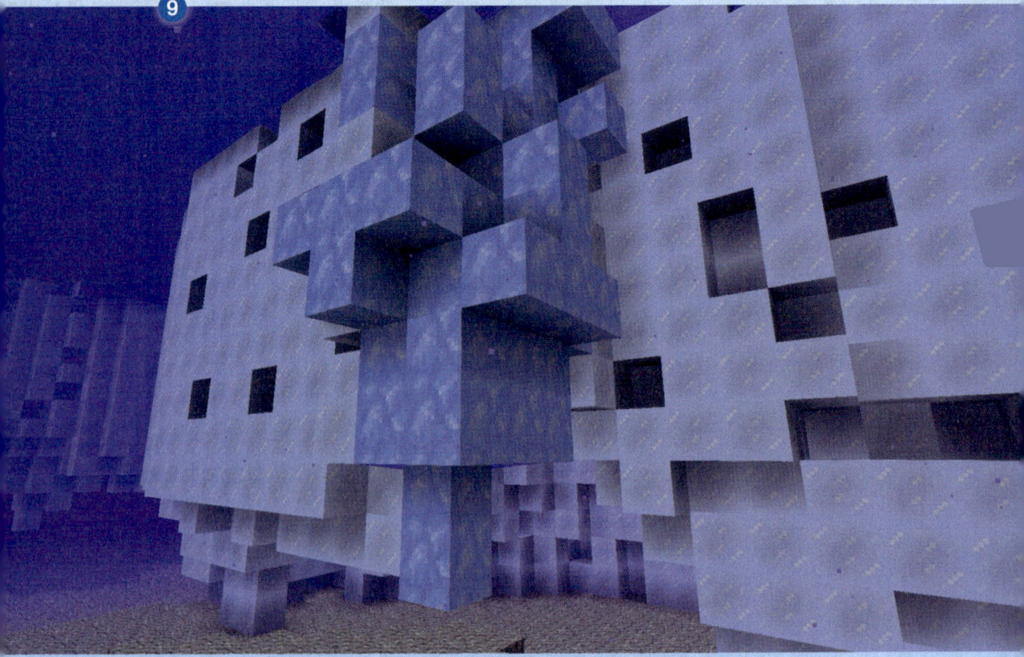

Auch in gefrorenen Ozeanen gibt es etwas Neues: Dort können Eisberge entstehen. Zusätzlich ist der Großteil der Wasseroberfläche gefroren. Auf dem Eis gibt es in regelmäßigen Abständen Eisbärfamilien **8**.

Am Fuß der Eisberge wird blaues Eis generiert **9**. Das blaue Eis ist ein neuer Block, der mit dem Update eingeführt wurde. Man kann es auch mit Packeis craften. Das blaue Eis ist rutschiger als normales Eis oder Packeis. Items und Boote lassen sich darauf schneller transportieren.

TECHNIK: ZUCKERROHRFARM

Eine automatische Zuckerrohrfarm ist sehr hilfreich, um an ausreichend Tauschmaterial für eine Emeraldfarm zu kommen. Zuckerrohr kann man zu Papier craften, das man wiederum beim Handel mit den Dorfbewohnern gut gebrauchen kann. Es ist besonders angenehm, nicht selbst aktiv farmen zu müssen, sondern das einer automatischen Farm zu überlassen.

Für diese Farm werden Observer, Pistons, Blöcke, Antriebsschienen, Minecarts, Hopper, Redstone, Redstone-Fackeln, Kisten, Wasser, Erde und natürlich Zuckerrohr benötigt **❶**.

Auf dem Bild rechts sieht man einen Querschnitt der Farm **❷**. Ganz unten gibt es eine Sammelstation für das Zuckerrohr, welches mit einem Hopper Minecart vom darüberliegenden Block gesammelt wird. Das Minecart fährt ebenfalls über einen Hopper und entlädt das Zuckerrohr in ein Kistensystem. Der Block, auf dem das Zuckerrohr liegt, ist gleichzeitig der Block, auf dem es auch wächst.

Einen Block daneben befindet sich die Wasserquelle, die die Pflanze versorgt. Über dem Wasser liegt ein beliebiger Block, auf dem ein Piston steht. Dieser liefert den Erntemechanismus.

Der Block darunter kann für die Beleuchtung der Farm sorgen, beispielsweise ein Glowstone-Block oder eine Redstone-Lampe. Das ist nicht unbedingt nötig, es kann auch ein beliebiger Block sein. Um zu vermeiden, dass innerhalb der Farm Monster spawnen, sind Lichtquellen allerdings sinnvoll.

Über dem Piston und ebenfalls in Richtung Zuckerrohr zeigend gibt es einen Observer. Dieser bemerkt, wenn die Pflanze ausgewachsen ist, und gibt ein Signal weiter. Hinter dem Piston wird ein weiterer Block platziert, auf den ein Redstone gesetzt wird. Dieser leitet das Signal vom Observer zum Piston. Die oberen beiden Stufen der Pflanze werden demnach abgeerntet, sobald sie ihre maximale Höhe erreicht hat.

Das Design ist beliebig erweiterbar. Eine Erntestation nimmt nur einen Block in der Breite ein ❸ und durch ein Aneinanderreihen mehrerer Stationen kann man die Farm theoretisch unendlich verlängern. Die Wege des Minecarts werden dadurch allerdings auch länger. Möglicherweise müssen bei größeren Anlagen mehrere Minecarts in abgegrenzten Bereichen fahren, um das Zuckerrohr einzusammeln.

Der vorhandene Platz kann auch noch optimaler genutzt werden: Man kann die Wasserquelle in die Mitte setzen, mit den Pistons die Ernte in den Wassergraben schieben und auf der anderen Seite des Wassers die Anlage spiegelverkehrt noch einmal bauen. Damit hat man eine Doppelreihe Zuckerrohr, die auf einer kleineren Fläche steht. Der untere Sammelmechanismus wird in diesem Fall unter dem Wasser platziert ❹.

Die Sammelstation funktioniert immer gleich. Ein Minecart mit Hopper fährt auf einem Schienensystem unterhalb der Blöcke entlang, auf denen das Zuckerrohr nach dem Ernten landet. Dazu werden Antriebsschienen verwendet, die mit Redstone angetrieben werden. Am Ende jeder Strecke wird ein Block gesetzt, so dass das Minecart die Richtung ändert und wieder zurückfährt. Seitlich darunter oder auch direkt darunter wird eine Redstone-Fackel gesetzt, um die Schienen zu aktivieren. An der Stelle des Kistenlagers fährt das Minecart über Hopper, die die Items aus dem Minecart herausziehen und in Kisten einsortieren ❺.

Die Dekorationsideen in diesem Kapitel **1** sind nicht ausschließlich für ein Arbeitszimmer geeignet. Ein Tisch mit Computer oder eine Lampe passen selbstverständlich auch in andere Räume.

Zunächst richten wir eine Arbeitsecke mit Stuhl, Tisch, Regalen und Tischdekoration ein. Für einen Stuhl mit einer langen Lehne **2** wird eine Holzstufe auf dem Boden platziert. An die Hinterseite wird eine Holztür in der entsprechenden Farbe gesetzt. Seitlich an die Holzstufe werden Falltüren als Armlehnen gebaut. Am besten wird immer dieselbe Holzart verwendet.

Vor den Stuhl wird der Tisch gebaut. Das Bild **3** zeigt den Aufbau von der Vorderseite. Dafür wird eine Holzstufe verwendet, die an die Blockoberseite gesetzt wird. Rechts daneben wird eine Treppe ge-

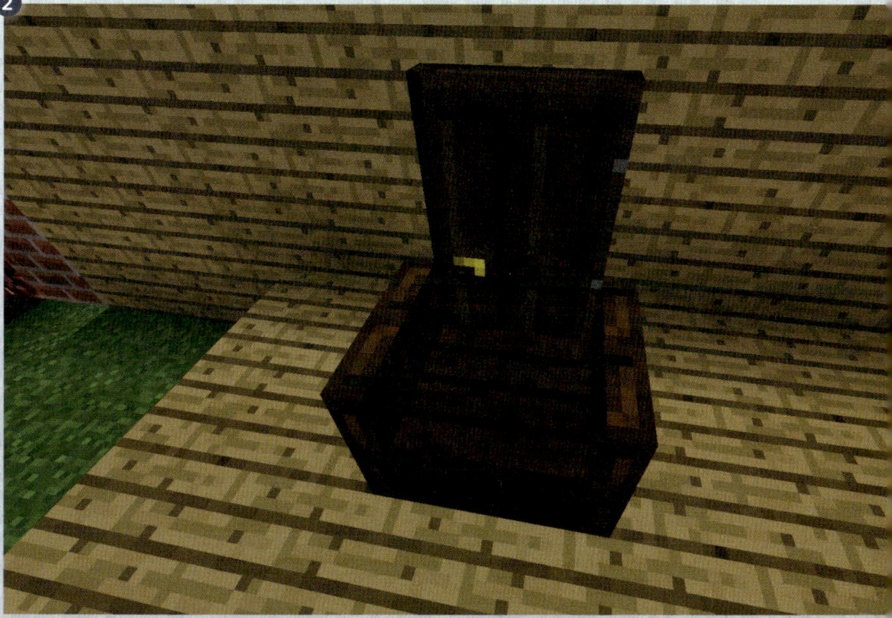

setzt, aus demselben Material wie die Stufe. So sieht der Tisch einheitlich aus. Die Treppe wird auf den Kopf gedreht und geht direkt in die Stufe über. Auf der anderen Seite wird ein Notenblock platziert.

Auf den Notenblock setzt man ein Bücherregal und auf dieses kommt eine Werkbank. Bei diesen Blöcken kann man auch gerne noch weiter experimentieren.
Parallel zur Tischfläche wird auf der Ebene der Werkbank ein Regal aus weiteren Stufenblöcken gebaut. Auf den Tisch, direkt vor den Stuhl, kann man eine weiße Druckplatte setzen. Das sieht aus wie ein Stück Papier, an dem gerade gearbeitet wird.
Daneben ist noch Platz für eine kleine Pflanze. Im Beispiel wurde ein Kaktus in einem Blumentopf verwendet. Rechts neben der auf den Kopf gedrehten Treppe kann eine Tür gesetzt werden, die aus dem Arbeitsbereich eine Einheit bildet. Sie verbindet den Tisch baulich mit dem darüberliegenden Regal ❹.

Einen Computer mit Tastatur kann man auf die folgende Weise bauen: Man setzt zunächst einen Rüstungsständer einen Block tief in den Fußboden. Idealerweise platziert man ihn so, dass er mit dem Hinterkopf zum Spieler zeigt. Auf den Rüstungsständer wird ein Kettenhelm gesetzt. Dann platziert man über dem Kopf

des Rüstungsständers einen Holzblock in der Holzart, aus der später der Tisch sein soll. Darüber wird ein Piston gesetzt, der nach unten zeigt ❺.

Aktiviert man den Piston mit einem Redstone-Signal, wird der Holzblock in den Rüstungsständer hineingeschoben. Baut man den Piston wieder ab, kann man die »Tastatur« sehen. Der Kettenhelm auf dem Rüstungsständer schaut ein kleines Stück aus dem Holzblock heraus, und es sieht so aus wie Tasten ❻. Das ist eine etwas kreativere Idee, als beispielsweise eine Druckplatte zu verwenden.

An die dahinterliegende Wand wird ein Bild gehängt, welches nur einen Block groß ist. Das ist der Computerbildschirm. Alles Weitere drum herum kann man ähnlich der anderen Arbeitsecke gestalten. Eine Verbindung zwischen dem Tisch und dem darüberliegenden Regal kann durch eine Tür hergestellt werden. Ebenso kann man seitlich daneben wieder ein Bücherregal und eine Werkbank setzen **7**.

Als Zubehör für einen Computer kann man einen Drucker bauen. Dazu setzt man ein weißes Banner auf den Boden. Das Banner ist zwei Blöcke groß, ähnlich wie der Spieler selbst. Auf der Unterseite des zweiten Blocks wird eine Stufe platziert, möglichst aus Stein oder Quarz. Das Banner steckt dann in dieser Stufe, und es sieht aus wie ein Drucker, aus dem oben Papier herauskommt **8**.

Um die Unterseite des Banners zu verstecken, wird ein Tisch gebaut. Dafür kann man Holzblöcke und Holztreppen verwenden. Rechts und links vom Banner werden die Holzblöcke gesetzt, während auf der Vorderseite die Treppen platziert werden. Die Treppen werden auf den Kopf gedreht, so dass etwas Tiefe entsteht.
Vor den Drucker wird eine Eisendruckplatte gesetzt. Das sieht wie ein fertig ausgedruckter Stapel Papier aus. Für ein bisschen Deko kann man einen Blumentopf und eine beliebige Pflanze verwenden und vielleicht einen Knopf als kleiner Gegenstand auf dem Tisch **9**.

Lampen dürfen auch mal etwas extravaganter sein. Man platziert einen Block aus einem beliebigen Material an der Zimmerwand, beispielsweise Steinstufen, Sandstein oder Holzstämme. Auf diesen Block wird ein Braustand gesetzt. Dieser bildet das Gestell für die Glühbirne, die sich darüber befindet und durch einen Glowstone-Block symbolisiert wird. Darauf wird ein Teppich gesetzt ❿.

❿

BUGS: BEDROCK UND ANDERE BLÖCKE DURCHDRINGEN

Um durch die Bedrock-Decke des Nethers zu kommen, benötigt man einen Trick. Es ist eigentlich nicht möglich, diese Blöcke zu zerstören, also muss sich der Spieler anderweitig behelfen. Dazu werden zwei verschiedene Varianten vorgestellt.

Option #1: Der Spieler sucht sich eine Stelle in der Bedrock-Decke, die nur aus einem einzigen Block besteht. Dies kann er überprüfen, indem er die F3-Taste drückt, um sich die Koordinaten des Blocks anzeigen zu lassen, auf den er gerade schaut. Wenn bei der mittleren Koordinate 127 steht, kann er sich sicher sein, dass es die oberste Schicht ist.
Zwei Blöcke unter dem Bedrock wird nun ein Block gesetzt und darauf eine Schiene mit Minecart ➊.

Wenn der Spieler sich in das Minecart setzt, steckt er mit dem Kopf im oberen Bedrock fest. Steigt der Spieler wieder aus dem Minecart aus und springt auf und ab, so kann er oben aus der Bedrock-Decke herausschauen. Da der Spieler allerdings immer noch zum Teil im Block feststeckt, muss er sich daraus zunächst befreien. Sonst bekommt er sekündlich Blockschaden. Dazu wird beim Springen eine weitere Schiene oben auf den Blöcken platziert und auch ein weiteres Minecart. Danach muss sich der Spieler nur noch in das Minecart setzen, und er ist erfolgreich angekommen ❷.

Option #2: Für diesen Trick wird nur Holz benötigt, deshalb ist er wesentlich günstiger als Option #1. Außerdem ist der Spieler bei dieser Variante in der Lage, durch mehrere Schichten Bedrock ❸ auf einmal zu springen. Der Trick funktioniert nicht nur bei Bedrock, sondern auch bei anderen Materialien und kann beispielsweise für einen Geheimeingang genutzt werden. Man kann damit eine solide Blockschicht mit einer Dicke von bis zu drei Blöcken durchdringen. Allerdings nur von unten nach oben und nicht seitwärts.

Zunächst positioniert sich der Spieler unter dem Bedrock und setzt mit einem Block Abstand den Crafting Table. Hierauf wird ein Zauntor platziert und geöffnet. Nun wird auf den Crafting Table und innerhalb des geöffneten Zauntors ein Boot gesetzt. Zum Schluss wird mit einem Rechtsklick auf das Zauntor dieses wieder geschlossen ④.

Jetzt muss sich der Spieler in das Boot setzen, gleich danach wieder aussteigen und ein paarmal mit der Leertaste springen. Schon wurde die Bedrock-Schicht durchdrungen und der Spieler ist oben angekommen.

Aquatic Update: Conduit (Aquisator)

Der Aquisator oder auch Conduit genannt ist eine Art Unterwasser-Beacon. Ein normaler Beacon gibt dem Spieler in der entsprechenden Reichweite positive Effekte. Das Gleiche trifft auch auf den Conduit zu ➊. Er gibt dem Spieler den Effekt »Meereskraft«, das bedeutet eine Verbesserung in der Abbaugeschwindigkeit, sowie Nachtsicht und Unterwasseratmung.

Ein Conduit kann mit acht Nautilusschalen und einem Herz des Meeres gecraftet werden ❷. Die Nautilusschalen kann man selten als Schätze beim Angeln bekommen. Ebenso sind sie ein möglicher Drop von Ertrunkenen. Das Herz des Meeres findet man möglicherweise in vergrabenen Schätzen an Stränden. Mehr Infos zu diesem Thema gibt es im Kapitel **AQUATIC UPDATE: UNTERWASSERLAND-SCHAFTEN** (Seite 92).

❶

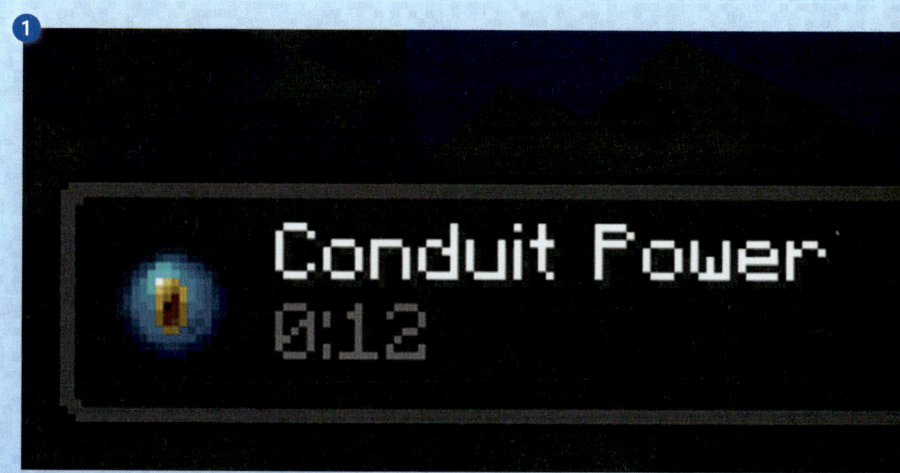

❷

3

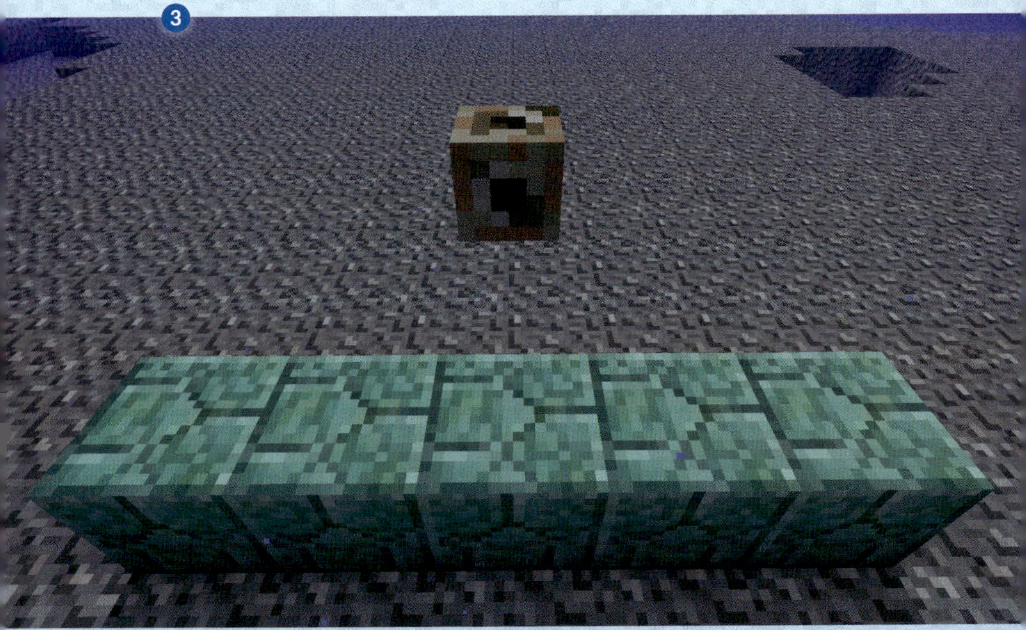

4

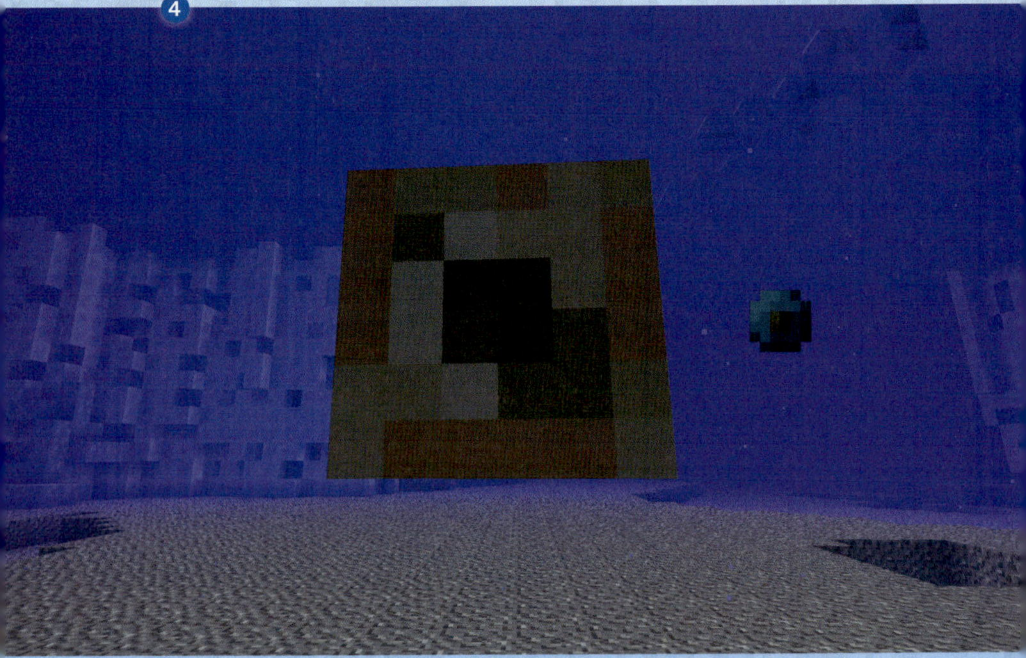

Der Conduit ist eine Multiblockstruktur. Damit er funktioniert, müssen einige Bedingungen erfüllt sein. Zunächst muss er unter Wasser platziert werden. Er muss an allen Seiten Wasser berühren. Außerdem müssen sich im Umkreis Prismarinblöcke befinden ❸. Das können alle möglichen Prismarinblockarten einschließlich Seelaternen sein.

Die Prismarinblöcke müssen um den Conduit und die Wasserblöcke einen Rahmen bilden. Sie werden mit einem Block Abstand zum Conduit platziert. Der Rahmen muss nicht komplett sein, um den Conduit zu aktivieren.
Ob er aktiviert ist oder nicht, sieht man an seiner Form. Ist der Block unbeweglich ❹, wurde er noch nicht aktiviert, auch wenn er bereits Partikel aus umliegenden Prismarinblöcken zieht.

Besitzt der Conduit eine Animation ❺ und der Spieler hat einen Effekt, dann ist er aktiviert. Außerdem gibt er in der aktivierten Form ein pochendes Geräusch von sich, das sich wie ein schlagendes Herz anhört. Schließlich heißt der Kerngegenstand des Items auch »Herz des Meeres«.

Es gibt verschiedene Stärken bei einem aktivierten Conduit. Wenn sich mindestens 16 Prismarinblöcke im Umkreis befinden, wird er eingeschaltet **6**. Die Effektreichweite beträgt dabei 32 Blöcke.

Wenn weitere Blöcke zu dem Rahmen aus Prismarinblöcken hinzugefügt werden, wird die Reichweite des Effekts größer. Alle sieben Blöcke erhöht sich die Reichweite um eine Distanz von 16 Blöcken. Bei dem maximalen Rahmen aus 42 Blöcken reicht der Effekt 96 Blöcke weit. Die maximale Form des Conduits ist im Bild rechts oben dargestellt **7**.

Zusätzlich zum Effekt »Meereskraft« hat der Conduit noch eine weitere Eigenschaft. Feindliche Monster, die sich näher als acht Blöcke zu ihm befinden, bekommen Schaden. Die Monster müssen ebenfalls im Wasser sein oder sich zumindest im Regen befinden und ihnen werden alle zwei Sekunden vier Lebenspunkte (zwei Herzen) abgezogen. Dabei erscheinen Partikel, die die magischen Kräfte des Conduits symbolisieren. Sie sehen genauso aus wie die kleinen blauen Kugeln, die der Conduit aus dem Prismarin zieht. Sie sammeln sich beim feindlichen Monster und schaden ihm **8**.

6

7

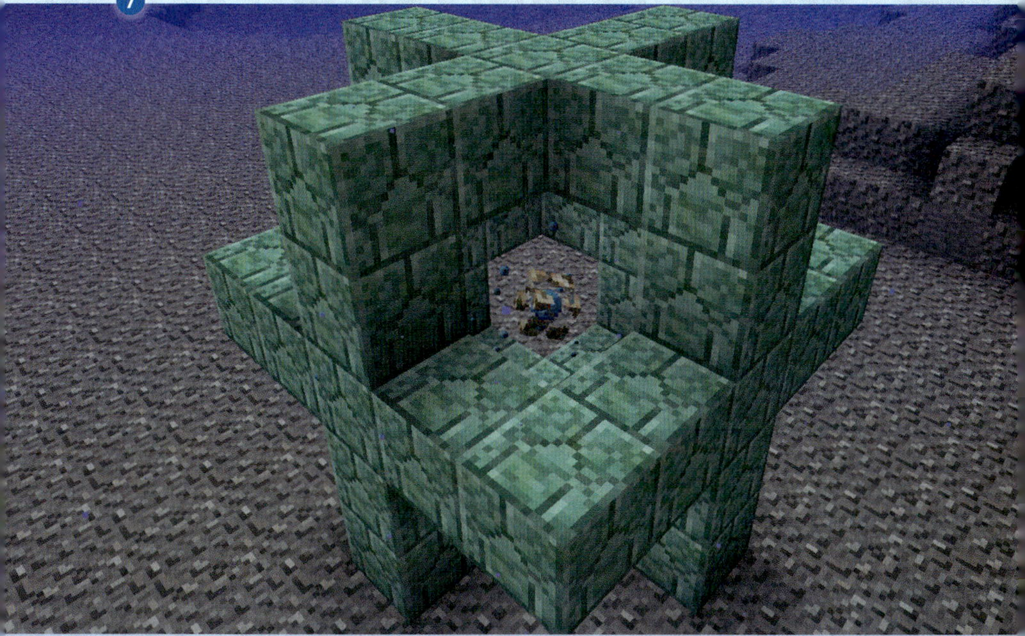

8

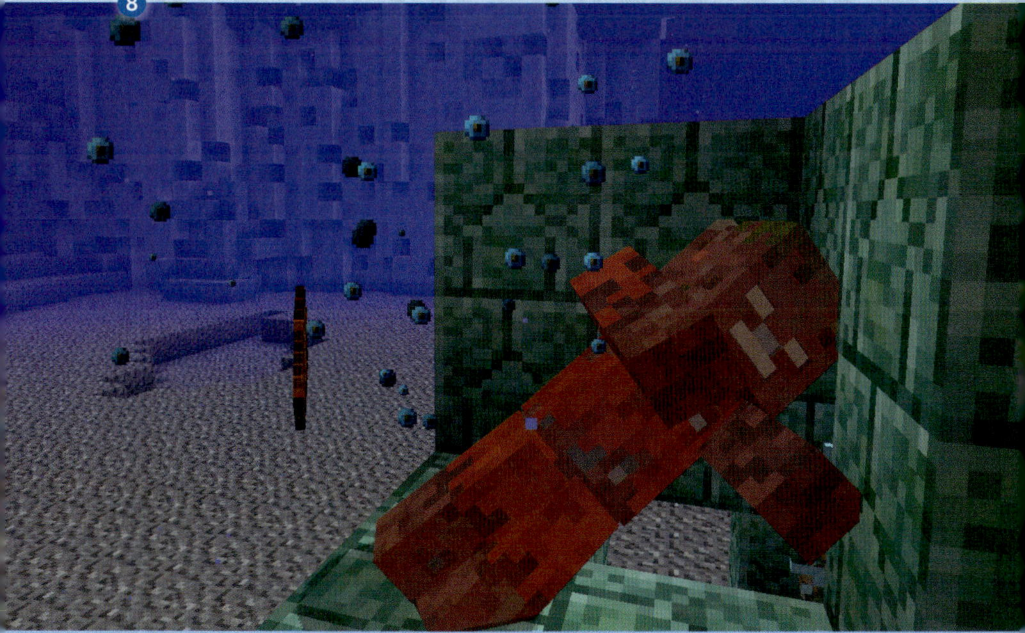

TECHNIK: WEIZENFARM

Weizen muss man nicht persönlich pflanzen und ernten. Mit Hilfe der Dorfbewohner lässt sich dieser Prozess automatisieren. Die Dorfbewohner mit dem Beruf Bauer (dazu zählen auch Fischer, Schäfer und Pfeilmacher) können Felder selbstständig bepflanzen und ernten.

Für eine Weizenfarm benötigt man Minecarts, Hopper (Trichter), Schienen, Antriebsschienen, Redstone-Fackeln, Erdblöcke, gerne auch andere Blöcke, Wasser, einen Dorfbewohner, der noch keine Items in seinem persönlichen Inventar besitzt, Kisten, Glowstones und Weizensamen.

Die Farm besteht aus einer Ebene mit einem Feld, auf dem der Dorfbewohner seine Arbeit erledigt, und einem Sammelmechanismus darunter ❶. Ein Minecart mit Hopper fährt unterhalb der Ackerfläche jeden Block einzeln ab und sammelt Items ein, die auf dem Feld liegen bleiben. Diese Items werden am Kistenlager mit Hoppern im Boden wieder aus dem Minecart herausgezogen.

❶

Die Farm hat keine begrenzte Größe. Jede Wasserquelle bewässert das Ackerland im Umkreis von vier Blöcken in jede Richtung und muss auf der gleichen Höhe wie das Feld sein.

Man beginnt mit dem Sammelmechanismus. Es ist einfacher, zuerst die Minecart-Strecke zu planen und dann die Ackerfläche darüberzusetzen, als andersherum. Das Minecart mit Hopper fährt in Schlangenlinien die Blöcke unter der Ackerfläche ab und bewegt sich auf diese Weise in einer Endlosschleife **2**. An der gewünschten Stelle werden Hopper unter die Schienen platziert, und während der Fahrt werden dort die Items in jeder Runde aus dem Minecart gezogen.

Die geraden Strecken werden mit Antriebsschienen gelegt, die Kurven mit normalen Schienen. Antriebsschienen können sich nicht um Kurven biegen. Unter den Blöcken, auf denen die Schienen liegen, werden Redstone-Fackeln gesetzt, um diese zu aktivieren.

2

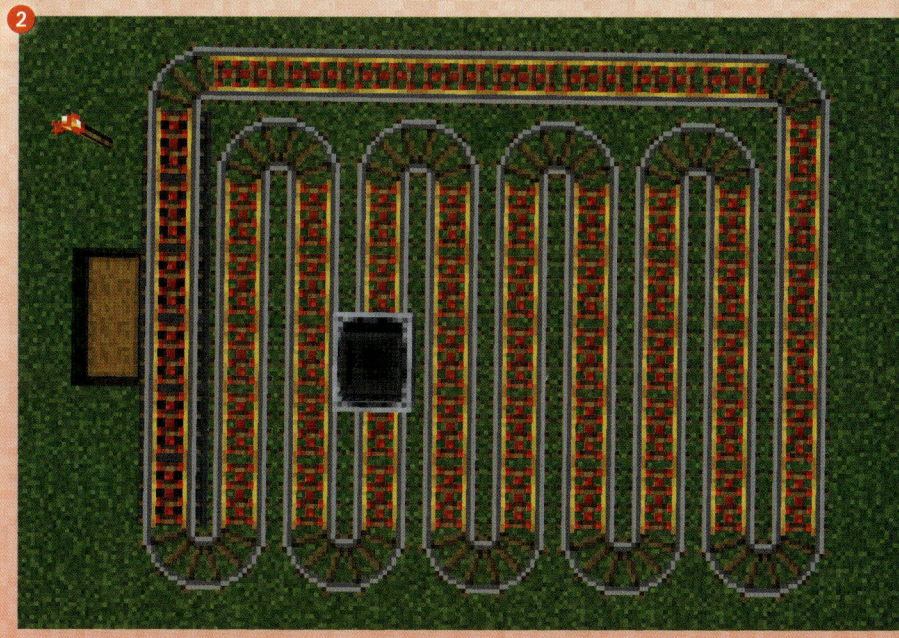

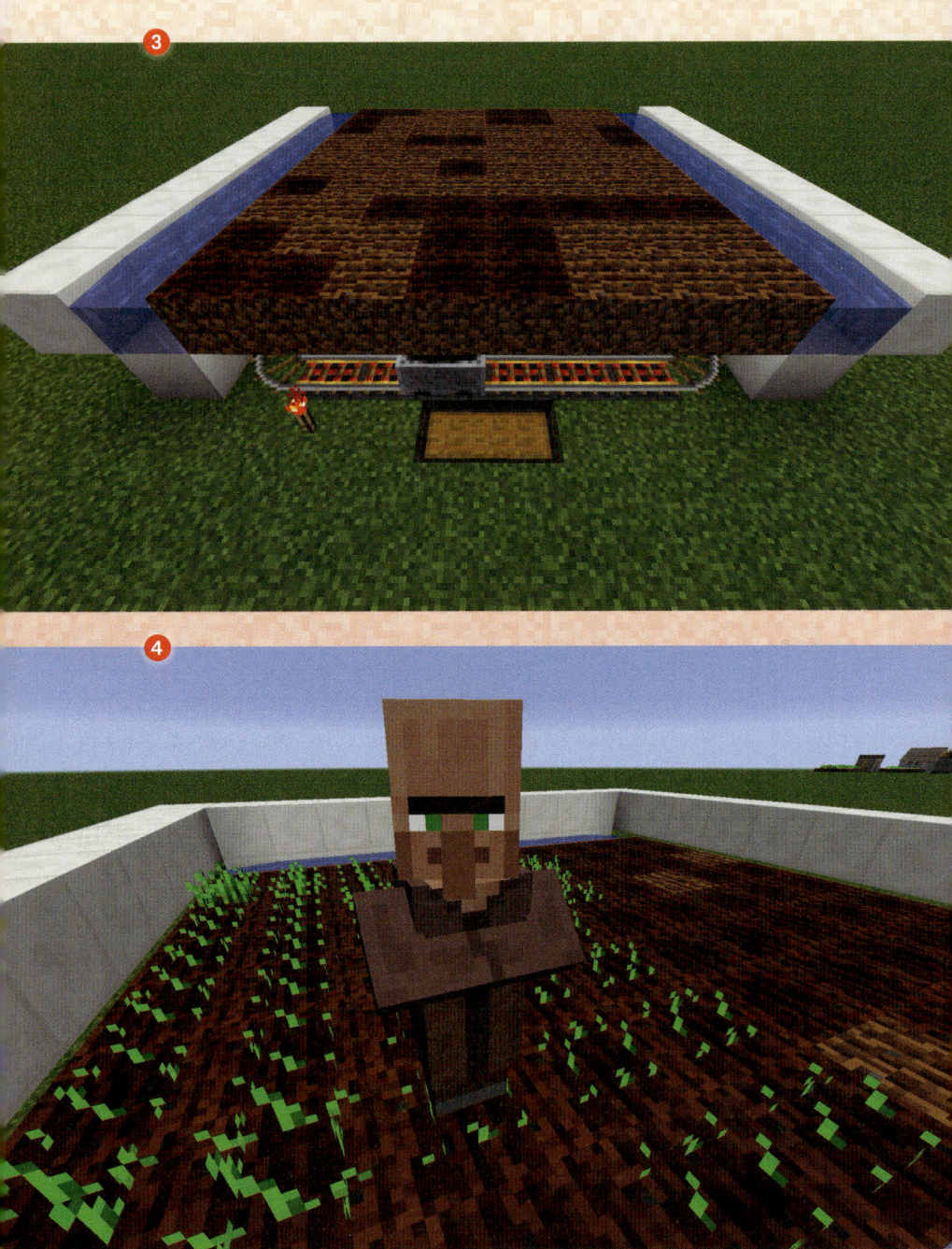

Man kann direkt das Hopper-Minecart setzen und testweise auf der Strecke fahren lassen. Die Größe für das Schienennetz beträgt acht Blöcke in der Breite, die Länge ist beliebig erweiterbar. Möglicherweise braucht man mehrere Dorfbewohner, um eine entsprechend große Fläche zu bearbeiten.

Auf die Schienen wird eine Schicht Erde platziert und an zwei Seiten Wasserblöcke. Einige Hilfsblöcke halten das Wasser in Position, so dass es nicht seitlich oder nach unten wegfließt. Wenn das Wasser platziert wurde, kann die Erde mit einer Harke zu Ackerboden gemacht werden ❸. Im Bild wurden Barriereblöcke vor das Wasser gesetzt, weil der Aufbau im Querschnitt besser zu erkennen ist. Normalerweise gehört dort ein weiterer Block hin, da das Wasser sonst herausfließen würde. Generell muss man beim Bauen mit Wasser aufpassen, dass es keine Schienen zerstört, weil man dann von vorne beginnen muss.

Nun wird der Dorfbewohner mit Bauernberuf benötigt. Es ist besonders wichtig, dass er ein komplett leeres Inventar besitzt. Jeder Dorfbewohner besitzt acht Inventar-Slots, die ursprünglich leer sind. Ein frisch erzeugter Baby-Dorfbewohner sollte daher gleich gesichert werden, so dass er keine Items aufnehmen kann. Diesem Dorfbewohner wirft man acht Stacks Weizensamen zu, damit alle Slots in seinem Inventar gefüllt sind und er keine weiteren Items aufnehmen kann. So lässt er beim Ernten sämtlichen Weizen liegen, da er ihn aufgrund seiner vollen Inventar-Slots nicht aufsammeln kann. Die geernteten Seeds können hingegen zum Teil eingesammelt und wiederverwendet werden. Der Weizen wird dann vom Sammelsystem eingezogen, und man erhält eine komplett passive Weizenfarm. Sobald der Dorfbewohner seine Weizensamen erhalten hat, wird er anfangen diese zu pflanzen ❹.

Bei der Beleuchtung der Farm sollte man aufpassen. Es dürfen möglichst keine Stellen übrig bleiben, auf denen Monster spawnen können. Daher sollte sich um die Farm herum eine Mauer befinden. In der Nähe spawnende Zombies könnten den Dorfbewohner ver-

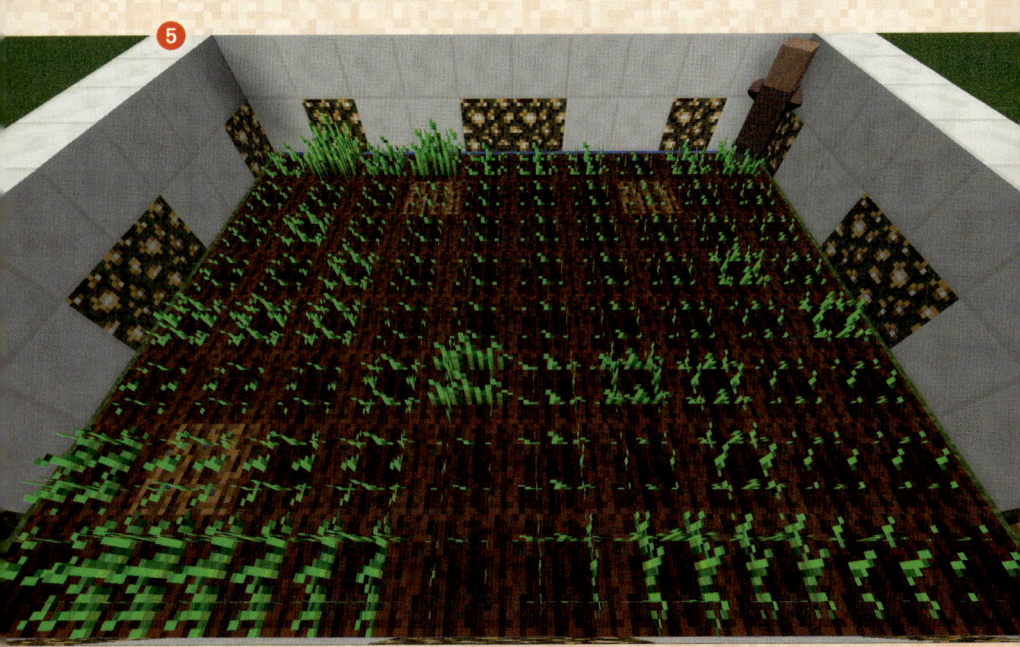

wandeln oder töten. Am besten sichert man die Anlage ab und baut ein Dach darauf. Wenn der Boden nur aus Ackerblöcken besteht, sollten auch keine Monster innerhalb der Farm spawnen können. Auch mit Blick auf den Dorfbewohner ist eine Mauer hilfreich. Möglicherweise versucht er, der Farm zu entkommen und zum nächsten Dorf zu rennen. Davon hält die Mauer ihn ab ❺. Man sollte die Wand auch über die Wasserquellen bauen, da der Dorfbewohner dazu neigt, ins Wasser zu hüpfen.

5 Dinge in Minecraft, die du noch nicht wusstest! #07

Der Spieler kann sich selbst an Lava anzünden, obwohl er gar nicht darinsteht 1. Dazu muss sich neben dem Lavasee ein nicht vollständiger Block befinden, wie beispielsweise Soul Sand oder ein Wegblock. Wenn man auf dem Wegblock steht und sich der Lava nähert, fängt man an zu brennen, obwohl man die Lava gar nicht berührt.

Der Spieler, Gegenstände und Monster fallen nicht mit derselben Geschwindigkeit. Es gibt verschiedene Geschwindigkeiten, mit denen Entities generell fallen. Am schnellsten fällt der Spieler. Auf

1

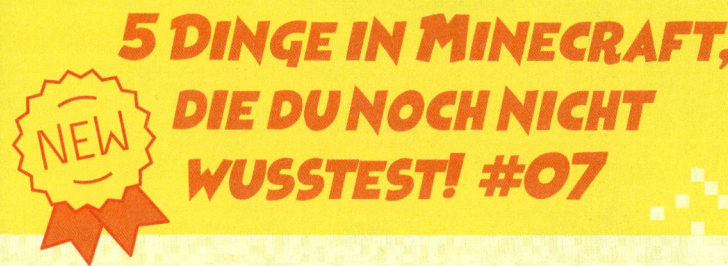

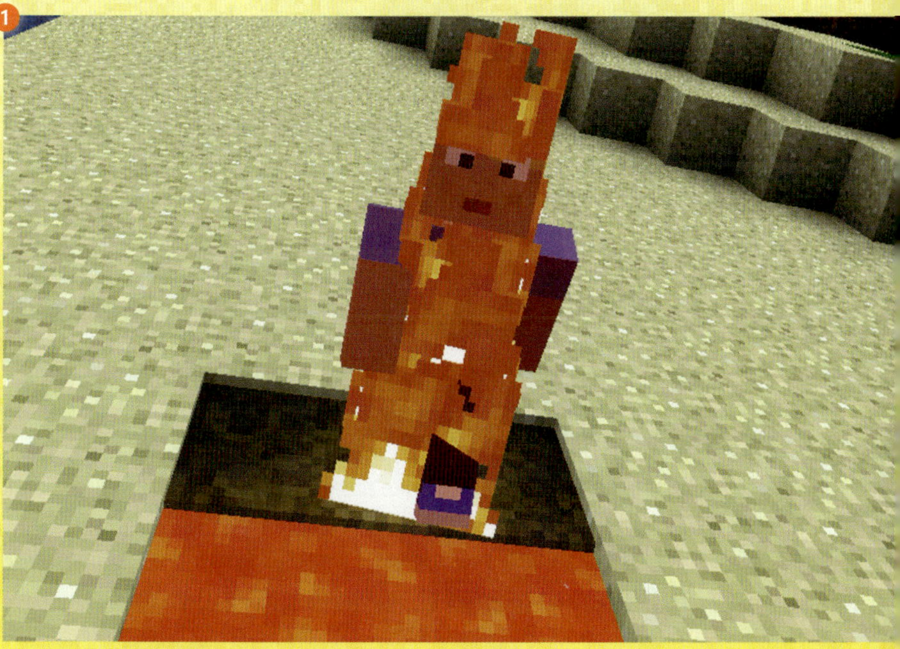

2

Platz zwei befinden sich Monster und Armor Stands. Danach folgen Sandblöcke, Kiesblöcke, Ambosse und Items. Noch langsamer fallen Dracheneier und gezündetes TNT 2.
In der Reihenfolge danach kommen Boote und Minecarts. Minecarts fallen langsamer als Boote, auch wenn man das nicht vermutet. Am langsamsten von allen Entities fallen Blazes und Hühner. Diese schweben sanft zu Boden. Natürlich kann man mit einem Trank die Fallgeschwindigkeit beeinflussen, die genannte Reihenfolge beruht auf den Standardwerten.

Guardians hüpfen an Land wild durch die Gegend und versuchen, wieder zurück ins Wasser zu springen. Slimes zeigen ein ähnliches Verhalten. Falls man Guardians auf Schleimblöcke fallen lässt 3, springen sie auf diesen extrem hoch. Andere Monster kommen da auf keinen Fall ran. Slimes werden sogar komplett abgefedert und springen gar nicht, wenn sie auf den Blöcken landen. So wie es aussieht, verstärken Schleimblöcke nur die Sprungkraft von Guardians.

Gold sammeln kann anstrengend werden, wenn man keine Goldfarm gebaut hat. Es gibt aber eine Alternative, mit der man unterirdisch ziemlich schnell viel Gold finden kann. In roten Mesa-Bio-

men ist im Untergrund die Golderzgenerierung um das Zehnfache erhöht. Daher sollte man sich auf jeden Fall auf die Suche nach einem solchen Biom machen. In jeder Höhle gibt es in regelmäßigen Abständen große Goldvorkommen ④.

Minecarts und Boote verschwinden komplett, wenn man sie mit Schneebällen abwirft. Allerdings passiert das nur im Kreativmodus. Im Überlebensmodus hat das Werfen mit Schneebällen keinen Effekt ⑤.

Normalerweise werden Blöcke zerstört, wenn man sie im Kreativmodus abbaut, das ist nichts Neues. Allerdings interagiert der Spieler ja nicht direkt mit dem Minecart oder Boot, sondern mit dem geworfenen Schneeball. Damit wird indirekt die Wirkung des Kreativmodus auch über Projektile übertragen.

BUGS: TNT KLONEN

Mit TNT kann man allerlei Unsinn im Spiel anstellen. Falls man im Überlebensmodus spielt, kann es allerdings recht kostenintensiv werden, viel mit TNT zu machen, da man Schießpulver von Creepern benötigt. Es gibt allerdings einen Bug, mit dem man unendlich viel TNT verschießen kann. Dafür muss eine kleine Redstone-Schaltung aus Schleimblöcken gebaut werden ❶.

❶

Zuerst wird in horizontaler Richtung ein Sticky Piston platziert. Davor werden fünf Schleimblöcke gesetzt, die ein »U« bilden ❷.

Im nächsten Schritt werden erneut fünf Schleimblöcke platziert, die ein »C« formen. Sie stehen gegenüber des Pistons an der anderen Seite des »U« ❸.
Danach müssen zwei der Blöcke wieder entfernt werden, um eine Steckverbindung zu bilden ❹. Man kann diese beiden Blöcke beim Bauen auch direkt auslassen, allerdings ist der Aufbau dann schwerer zu beschreiben.

An die beiden gezeigten Stellen werden Sensorschienen gesetzt. Auf die rechte Sensorschiene wird ein Minecart gestellt, während vor der linken Schiene ein TNT-Block platziert wird ❺. Der Block wird seitlich davorgesetzt und schwebt vor der Schiene in der Luft. Wenn hinter dem Piston ein Block mit Schalter platziert und der Schalter immer wieder ein- und ausgeschaltet wird, dann fällt bei jedem Vorgang ein gezündetes TNT nach unten.

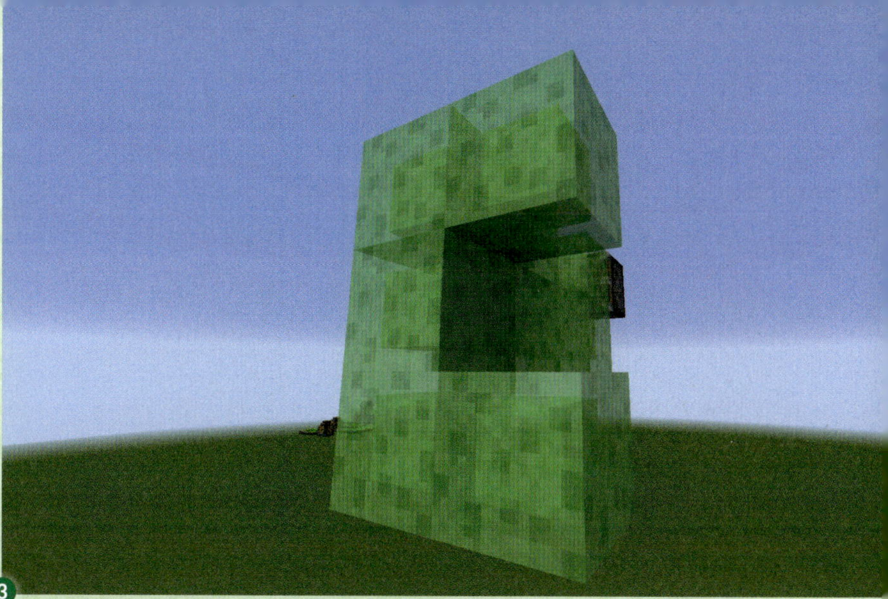

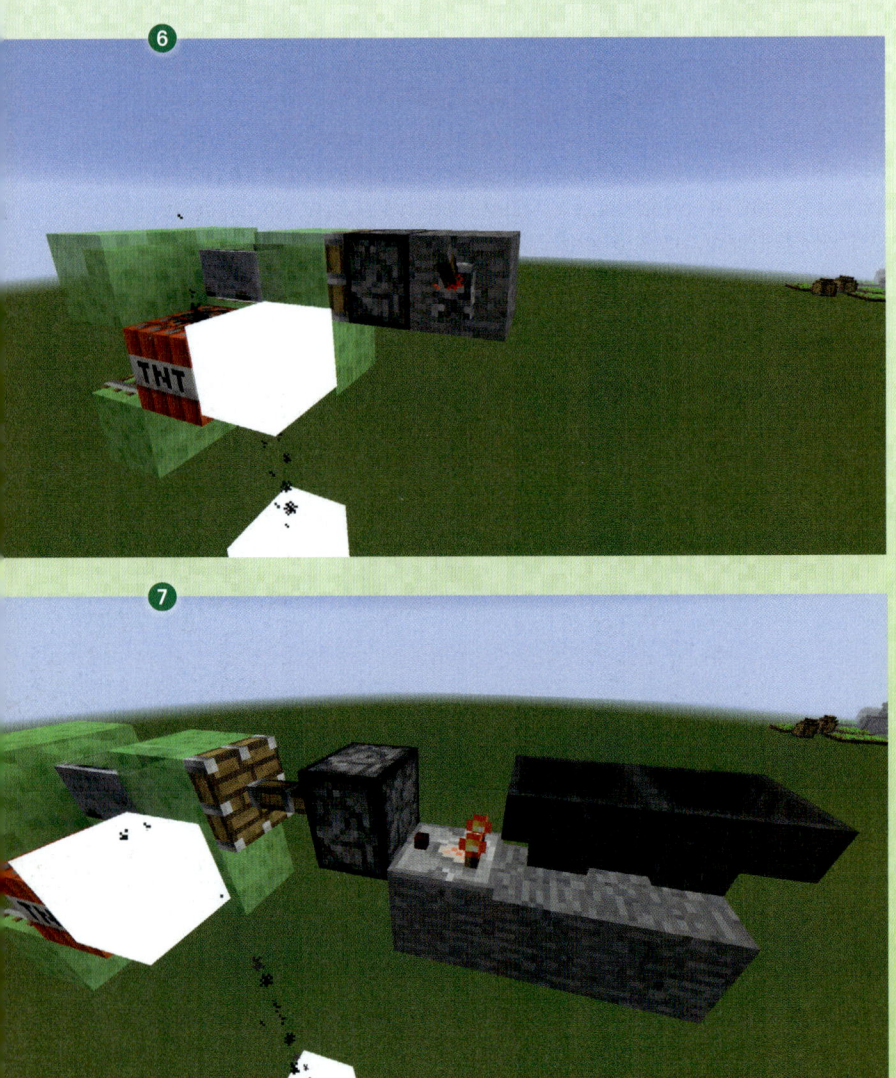

Der Trick kann so oft wiederholt werden wie gewünscht. Man kann auch einen Signalgeber an den Piston anschließen, der diesen automatisch ein- und ausfahren lässt ⑥. Die Konstruktion kann man nutzen, um beispielsweise Löcher zu graben oder alte Gebäude abzureißen.

Ein Signalgeber kann aus zwei Trichtern und einem Comparator erstellt werden. Der Comparator zeigt in Richtung des Pistons und schließt an die beiden Trichter an, die gegenseitig ineinanderführen. Wirft man ein Item in einen der Trichter, so wird es von diesen immer wieder hin- und hergeschoben. Wenn sich das Item in dem Trichter befindet, an dem der Comparator anliegt, gibt dieser ein Signal aus. Wenn das Item in den anderen Trichter zurückgeschoben wird, geht das Signal wieder aus **7**.

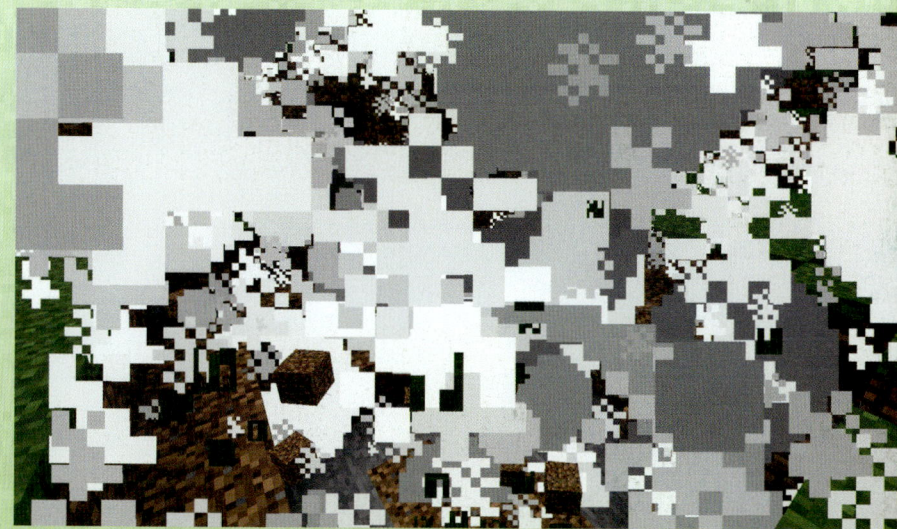

AQUATIC UPDATE: NEUE BLÖCKE UND MECHANIKEN

❶

In diesem Kapitel geht es um Neuerungen des Aquatic Updates, die keinem großen Kapitel zuzuordnen sind. Manchmal machen aber auch Feinheiten viel aus. Deshalb kommen hier noch ein paar kleine Änderungen, die man wissen sollte.

Es wurde eine Vielzahl neuer Blöcke eingeführt. Einige davon waren auch zuvor schon im Spiel, jedoch konnte man sie nur mit Befehlen bekommen. Es waren eher Spezialblöcke, die nur wenige Spieler verwendet haben.

Zu nennen sind beispielsweise Holzblöcke, die von allen Seiten eine Rindentextur besitzen. Man sieht dort nicht den Querschnitt des Stamms. Diese Blöcke gibt es in allen Holzsorten ❶ und sie sind aus dem Kreativinventar zu bekommen.

Außerdem kann man alle Holzstämme mit einer Axt bearbeiten. Macht man einen Rechtsklick mit der Axt auf einen Holzstamm, schält man die Rinde ab. Somit gibt es auch in jeder Holzsorte entrindete Holzblöcke.

Getrocknete Seetangblöcke, blaue Eisblöcke, Korallenblöcke und tote Korallenblöcke wurden in früheren Kapiteln bereits erwähnt. Der Vollständigkeit halber nenne ich sie hier noch einmal. Außerdem gibt es glatte Steinblöcke, glatte Sandsteinblöcke, glatte rote Sandsteinblöcke und glatte Quarzblöcke ❷ .

Ansonsten gibt es noch neue Falltüren, Knöpfe und Druckplatten aus jeder Holzart ③. Diese Neuerung erfolgte analog zu den Türen, die es auch in jeder Holzart gibt.

Bei den Kürbissen gibt es eine kleine Veränderung. Sie besitzen kein Gesicht mehr auf der Seite, wenn sie wachsen, und sehen auf allen Seiten gleich aus. Man kann sie allerdings mit einer Schere rechtsklicken und bekommt vier Kürbissamen. Bei diesem Vorgang schnitzt man auch das Gesicht wieder in den Block ④. Den geschnitzten Kürbis kann man verwenden, um Kürbislaternen zu craften.

Die Stämme und Hüte der großen Pilze waren bisher nicht im Kreativinventar verfügbar. Nun wurden sie hinzugefügt. Gleiches gilt für Prismarinstufen und Prismarintreppen, die bisher auch gefehlt haben ⑤.

Man kann nun auch unvollständige Blöcke unter Wasser platzieren und sie schließen keine Luft mehr ein. Es gibt eine neue Wassermechanik, die es erlaubt, Wasserblöcke in Teilblöcke hineinzusetzen. Diese Blöcke werden im F3-Bildschirm mit dem zusätzlichen

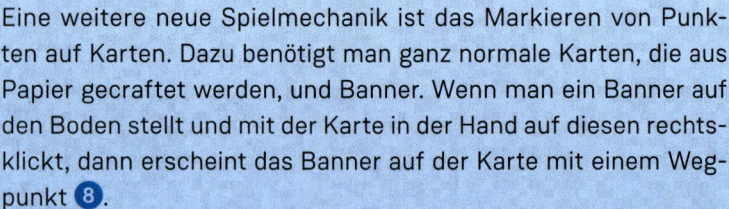

Tag »waterlogged« markiert. Wasser kann nun durch diese Blöcke hindurchfließen und orientiert sich an logischeren Regeln. Wenn man beispielsweise mit Treppen einen Kreis formt und dort Wasser hineinsetzt, bleibt das Wasser in diesem Kreis **6**.
Wenn im Kreis eine Öffnung bleibt, fließt das Wasser hinaus **7**.

Eine weitere neue Spielmechanik ist das Markieren von Punkten auf Karten. Dazu benötigt man ganz normale Karten, die aus Papier gecraftet werden, und Banner. Wenn man ein Banner auf den Boden stellt und mit der Karte in der Hand auf diesen rechtsklickt, dann erscheint das Banner auf der Karte mit einem Wegpunkt **8**.

Wenn ein farbiges Banner verwendet wird, entspricht der Weg-
punkt auf der Karte der Bannerfarbe. Außerdem kann man die
Wegpunkte mit Text versehen. Dazu muss man das Banner im
Amboss umbenennen, bevor man es platziert. Es können mehrere
Wegpunkte pro Karte erstellt werden .

Abonniert meinen Youtube Kanal :)

Anpassung der Buffet-Welt

Bitte wähle einen Weltgenerator

Weltgenerator: Höhlen

Bitte wähle ein Biom

Tall Birch Hills

The End

The Void

Tiefsee

Vereiste Tiefsee

Vereister Fluss

Die Wegpunkte und der Text bleiben auch bestehen, wenn man die Karten in einen Rahmen steckt und an eine Wand hängt. Die Farben der Wegpunkte sind intensiver, wenn die Karte in der Hand gehalten wird. Bei der Karte im Rahmen sind sie dunkler.

Beim Erstellen einer Welt kann man einen neuen Welttyp auswählen. Der Buffet-Modus erlaubt es, Welten individueller zu gestalten. Man kann aus drei verschiedenen Welttypen auswählen und diese mit einem der verfügbaren Biome verbinden. Als Welttypen stehen »Oberfläche«, »Höhlen« und »schwebende Inseln« zur Verfügung. Beispielsweise kann man eine Karte generieren, die den Aufbau des Nethers ❿ hat und eine vereiste Tiefsee als Biom beinhaltet ⓫.

Es gibt unendlich viele Kombinationsmöglichkeiten und man kann sich dabei ordentlich austoben.

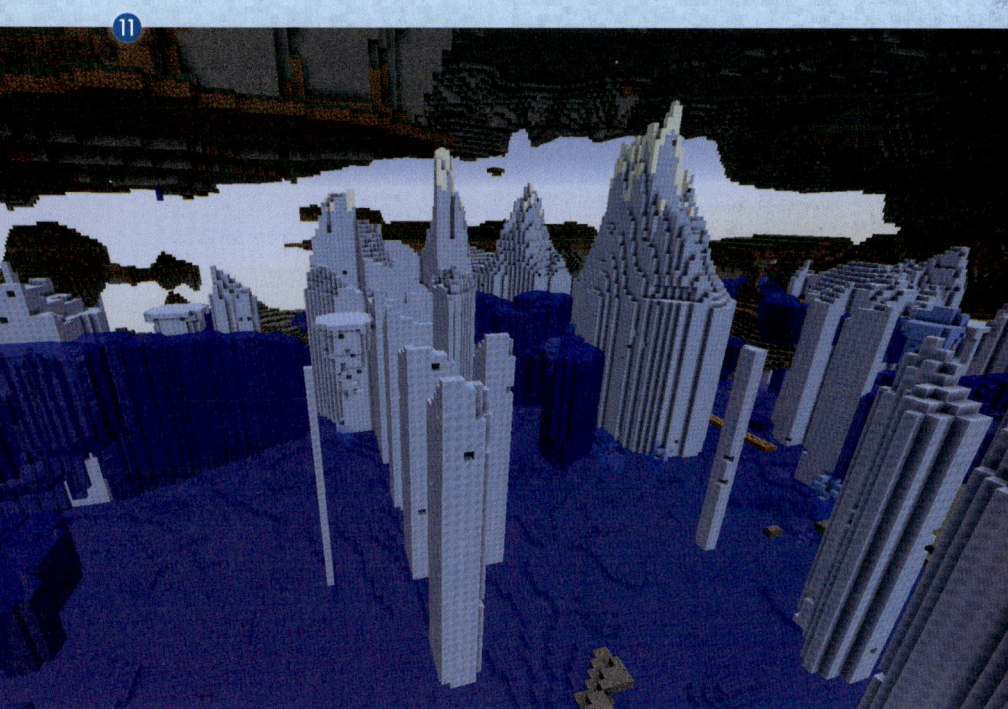

TECHNIK: PILZFARM

Auch Pilze können mit einer speziellen Technik automatisch ge-farmt werden. Dafür benötigt man Podzol, Observer, Sticky Pis-tons, Blöcke, Hopper, Minecarts, Antriebsschienen, Kisten, Hebel und natürlich Pilze ❶.
Idealerweise pflanzt man beide Pilzsorten in einer Farm an. Im ge-zeigten Beispiel wurden die roten Pilze auf der unteren Reihe und die braunen Pilze auf der oberen Reihe gepflanzt.

Ähnlich wie die Zuckerrohrfarm ist eine Pilzfarm in einem beliebig erweiterbaren Design konstruiert. Man beginnt mit vier Blöcken Podzol, die in einem vertikalen Schachbrettmuster angeordnet sind ❷. Zwischen jedem Block befindet sich zunächst Luft.

Auf den unteren und den oberen Block wird jeweils ein Pilz gesetzt
❸. Podzol hat die Eigenschaft, dass auch bei Tageslicht dort Pilze
gepflanzt werden können und sich verbreiten. Neben Podzol kann
auch Myzelium verwendet werden, allerdings ist es viel schwieri-
ger zu bekommen. Da Pilze nur in sehr dunklen Gegenden wachsen,
müsste bei anderen Blöcken die Farm unterirdisch gebaut werden.
Mit der Zeit werden sich die Pilze ausbreiten und auf den Blöcken
rechts und links wird jeweils ein neuer Pilz wachsen.

Im nächsten Schritt wird ein automatischer Erntemechanismus gebaut. Neben den Flächen, auf denen die neuen Pilze wachsen, werden Observer platziert. Diese zeigen in Richtung der Pilze und geben ein Signal nach hinten aus, sobald ein Pilz gewachsen ist. Schräg darunter und zum Podzol gedreht, wird ein Sticky Piston gesetzt. Dieser wird durch den Observer angesteuert. Wenn ein Pilz wächst, gibt der Observer ein Signal an den Piston weiter. Dieser zieht kurz den Podzol-Block weg und schiebt ihn wieder an seine ursprüngliche Stelle zurück. Der Pilz wird dadurch geerntet und bleibt auf dem Block liegen 4.

Nun müssen die Pilze noch eingesammelt werden. Das passiert, indem unter der Erntefläche ein Minecart mit Hopper entlangfährt. An die Blöcken, auf denen die Schienen liegen, werden Schalter gesetzt und eingeschaltet. Dadurch werden die Antriebsschienen eingeschaltet. Die geernteten Pilze werden durch den Boden eingesammelt und im vorderen Teil der Farm durch Hopper wieder aus dem Minecart gezogen. Die Pilze landen dann in Sammelkisten 5.

Dieser Mechanismus muss auf beiden Seiten gebaut werden, auf der zweiten Seite spiegelverkehrt zur ersten. Die Farm kann man beliebig in der Länge vergrößern, indem der Aufbau einfach wiederholt wird 6.

Dekorationen: Weitere Ideen

Höllenportale sind immer in einer rechteckigen Form zu bauen. Allerdings gibt es auch einige Tricks, mit denen man sie optisch schöner oder auch rund gestalten kann. Die Mindestgröße für ein Portal ist ein Obsidianrahmen aus 4x5 Blöcken. Die Maximalgröße beträgt 23x23 Blöcke. Bei besonders großen Portalen ist es schwer, sie abzurunden, aber bei kleinen Portalen geht das mit einem optischen Trick. Im Beispiel wird von einem quadratischen Portal mit der Größe 6x6 Blöcke ausgegangen ❶.

❶

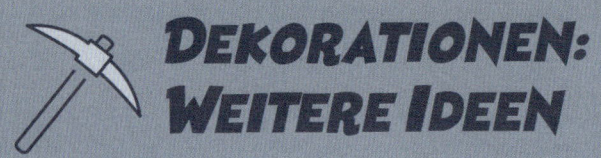

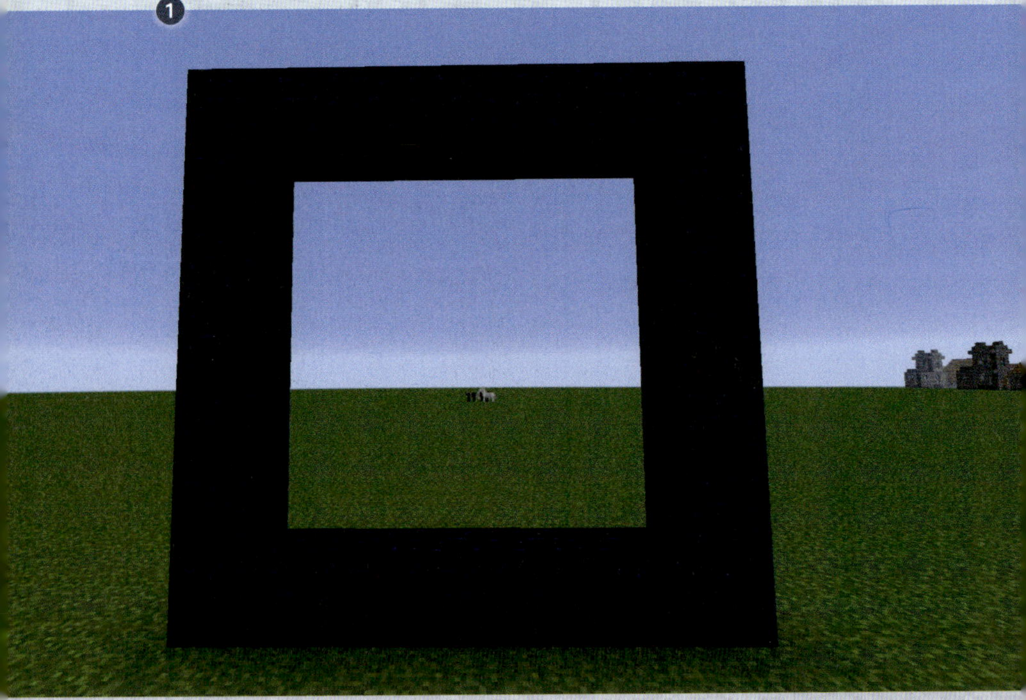

Vor und hinter das Portal wird ein weiterer Rahmen gezogen. Nur der mittlere Rahmen wird mit einem Feuerzeug angezündet und formt nun die Portalblöcke. Von allen drei Rahmen werden die Ecken entfernt, und bei den äußeren Rahmen wird zusätzlich jeweils ein Block von innen in die Ecken gesetzt, um eine Abrundung zu erzielen ❷.

Mit Hilfe von Bannern kann eine Wäscheleine gebaut werden. Dazu setzt man zunächst zwei Pfosten aus Zäunen mit einem gewissen Abstand zueinander. Auf die Pfosten werden Stufen platziert. Es kann normales Holz verwendet werden oder, wie im Beispiel, Netherziegel. Die Pfosten sollten mindestens drei Blöcke hoch sein, damit die Banner nicht bis zum Boden reichen.
Zwischen die beiden Pfosten werden abwechselnd Steinstufen und Zauntore gesetzt. An die Steinstufen werden seitlich jeweils Banner gehängt. Oben auf die Stufe kommt ein Teppich in derselben Farbe wie das Banner. So sieht es aus, als würden lange Laken

❷
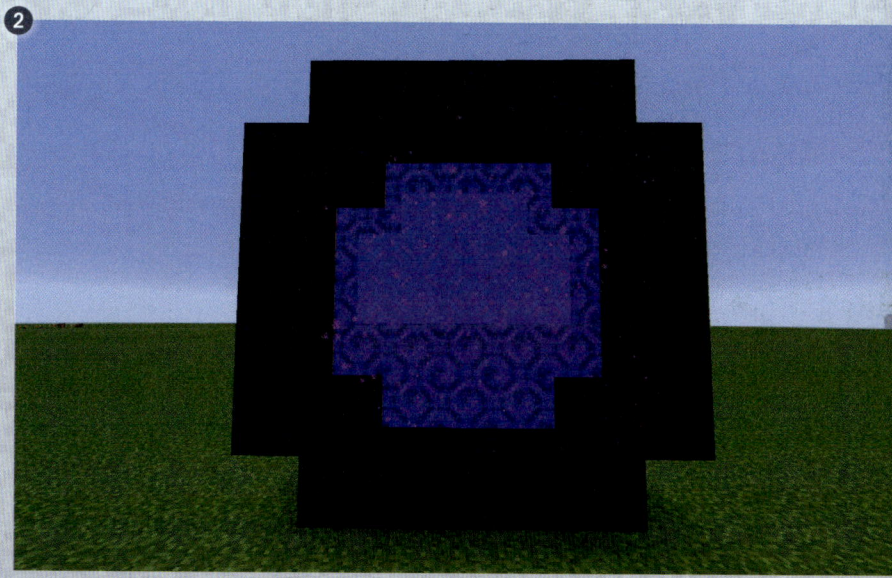

über einer Leine hängen. Am Boden, direkt unter den Laken, kann man Wegblöcke oder grobe Erde setzen. Der Boden sieht dadurch leicht feucht aus, als wäre das Wasser von der Wäsche nach unten getropft ❸.

Aus Stufen, Falltüren, Zäunen und Teppich lässt sich ein kleiner Tisch basteln. Zunächst setzt man vier Holzzäune als Tischbeine auf den Boden. Dazwischen bleibt ein Abstand von jeweils einem Block. In die Mitte der Zäune wird eine Stufe gesetzt, die sich an der Blockoberseite befindet. Ein halber Block darunter ist also Luft. Seitlich an diese Stufe werden insgesamt vier horizontal ausgerichtete Falltüren gesetzt ❹.

Zum Schluss muss nur noch ein beliebig farbiger Teppich auf jedem Block platziert werden und der Tisch ist fertig. Die Falltüren kann man von der Seite sehen, und es sieht so aus, als wären es kleine Schubladen zum Rausziehen ❺.

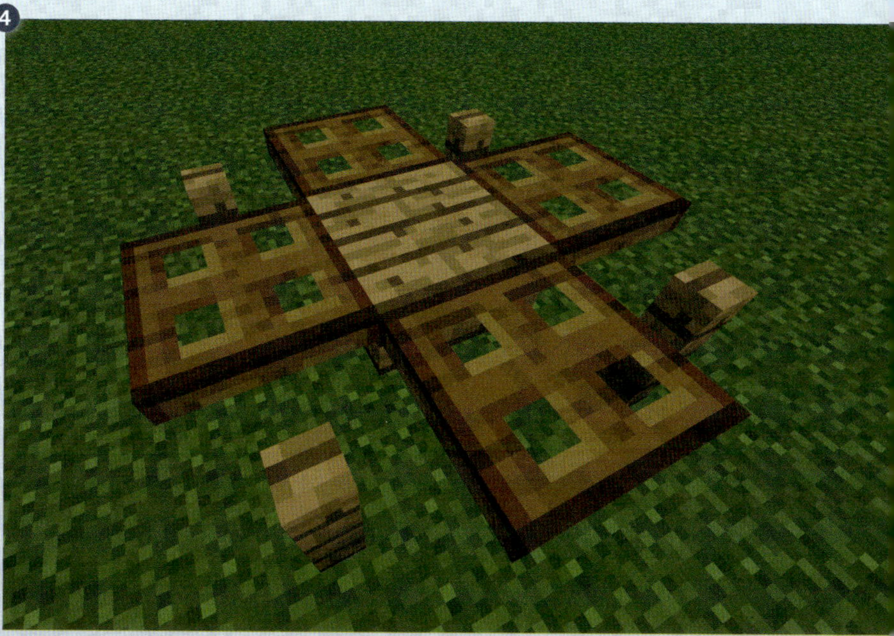

Moderne Stadthäuser werden oft mit Flachdächern gebaut, die man als Dachterrasse nutzen kann. Um das Dach zu dekorieren, kann man Schornsteine, Belüftungsschächte und mehr dort installieren. Als Ausgang zur Terrasse kann man ein kleines Häuschen aus Stein mit einer Eisentür bauen. Auf die Steine werden Steinstufen als Dach gesetzt ❻.

Mit einem Kasten aus Eisenblöcken und daraufliegenden Schienen, die einen Kreis bilden, kann man eine Belüftungsanlage darstellen. Um den Platz auf dem Dach zu füllen, können mit weiteren Eisenblöcken oder Steinstufen Rohre verlegt werden, die an einigen Stellen nach unten zu den Wohnungen weitergehen. Als Schornstein, der von mehreren Wohnungen gleichzeitig benutzt wird, können Ziegel mit Blumentöpfen verwendet werden. Die Blumentöpfe sind leer und sehen aus wie kleine Rohrausgänge ❼.

Auch Item-Frames können seit der Version 1.13 auf dem Boden platziert werden. Wenn man diese auf einen Tisch packt, kann man dort Essen hineinlegen. Das ist wesentlich interessanter als beispielsweise eine eiserne Druckplatte als Teller zu verwenden ❽.

Kreuze an, welche Dinge du schon wusstest, und schau auf Seite 219 nach, zu welchem Level du gehörst.

5 DINGE IN MINECRAFT, DIE DU NOCH NICHT WUSSTEST #1

- ○ Vindicator und Name Tags
- ○ Evoker Easteregg
- ○ Lama-Karawane
- ○ Mehrere Hühner aus einem geworfenen Ei
- ○ Gefüllte Kisten-Minecarts

5 DINGE IN MINECRAFT, DIE DU NOCH NICHT WUSSTEST #2

- ○ Getrockneter Seetang
- ○ Conduit-Effekt außerhalb des Wassers
- ○ Künstliches Podzol
- ○ Fallschaden vermeiden
- ○ Totem der Unsterblichkeit und Zombies

5 DINGE IN MINECRAFT, DIE DU NOCH NICHT WUSSTEST #3

- ○ Fortschritte und Erfahrungspunkte
- ○ Farbe von Shulkerkisten abwaschen
- ○ Schlafen und Gewitter
- ○ Schafe scheren nach deren Tod
- ○ Magmablöcke und Eisläuferverzauberung

5 DINGE IN MINECRAFT, DIE DU NOCH NICHT WUSSTEST #4

- ○ Tintenfische und Leine
- ○ Totem der Unsterblichkeit Spezialfall
- ○ Enderdrache und Hitboxen
- ○ Seerosen und Eis
- ○ Illusioner

5 DINGE IN MINECRAFT, DIE DU NOCH NICHT WUSSTEST #5

- ○ Elytra und Haltbarkeit
- ○ Elytra ohne Enderdrachen
- ○ Sprache umstellen
- ○ Map im Debug-Modus
- ○ Rezepte freischalten

5 Dinge in Minecraft, die du noch nicht wusstest #6
○ Redstone Comparator und Items
○ Creeper und Trankwolken
○ Mondphasen einstellen
○ Schneebälle und Schaden
○ Kessel und Redstone-Schaltungen

5 Dinge in Minecraft, die du noch nicht wusstest #7
○ Lava und unvollständige Blöcke
○ Entities und Fallgeschwindigkeit
○ Schleimblöcke und Sprungkraft
○ Einfach Gold farmen
○ Minecarts und Schneebälle

Auflösung:

... weniger als 16 Dinge:
Ahhh Frischfleisch! Du solltest jede Menge neue und interessante Fakten gefunden haben. Perfekt, um mit neuem Wissen bei deinen Freunden zu glänzen! Besonders dir würde ich mein erstes Buch »200 Dinge in Minecraft, die du noch nicht wusstest!« empfehlen. Falls du das noch nicht gelesen hast, ist es das PERFEKTE Buch für dich!

... 16 bis 25 Dinge:
Respekt! Du experimentierst gelegentlich mit dem Spiel herum und schaust, was so alles möglich ist. Eine gewisse Experimentierfreude ist immer gut! Auch für dich sollte dieses Buch eine tolle Bereicherung gewesen sein!

... mehr als 25 Dinge:
Wunderbar! Du hast die Geheimnisse des Spiels im Überblick. Möglicherweise spielst du das Spiel schon sehr lange und beschäftigst dich mit Details, die man sonst nicht beachten würde. Oder aber du schaust regelmäßig meine Serie »5 Dinge in Minecraft, die du noch nicht wusstest!«, die ich auf meinem Youtube-Kanal veröffentliche.

CHECKLISTE

Dies ist deine persönliche Checkliste! Kreuze an, welche Dinge du schon ausprobiert hast.

BUGS:

- ○ Items mit dem Enderportal vervielfältigen
- ○ Bedrock zerstören
- ○ Item-Aufzug
- ○ Bedrock und andere Blöcke durchdringen
- ○ TNT klonen

TECHNIK:

- ○ Emeraldfarm
- ○ Fischfarm
- ○ Dreizackfarm
- ○ Item-Aufzug mit Wasser
- ○ Eisenfarm
- ○ Goldfarm
- ○ Zuckerrohrfarm
- ○ Weizenfarm
- ○ Pilzfarm

DEKORATIONEN:

- ○ Kücheneinrichtung
- ○ Badezimmer
- ○ Arbeitszimmer
- ○ Runde Höllenportale
- ○ Wäscheleine mit Bannern
- ○ Tisch aus Stufen, Zäunen und Teppich
- ○ Dachterrasse

ÜBERSETZUNGEN DER WICHTIGSTEN ENGLISCHEN WÖRTER

Advancement - Fortschritt

Beacon - Leuchtfeuer

Bedrock - Grundgestein

Blacksmith - Schmied

Button - Knopf

Cleric - Geistlicher

Comparator - Redstone-Komparator

Conduit - Aquisator

Craftingtable - Werkbank

Dispenser - Spender

droppen - fallen lassen

Emerald - Smaragd

Equipment - Ausrüstung

Evoker - Magier

Farmer - Bauer

Frostwalker - Eisläufer

Guardian - Wächter

Hopper - Trichter

Husk - Wüstenzombie

Librarian - Bibliothekar

Minecart - Lore

Nametag - Namensschild

Piston - Kolben

Slime - Schleim

Slots - Inventarfeld

Soulsand - Seelensand

spawnen - erscheinen

Stray - Eiswanderer

Vindicator - Diener

Void - Die Leere

Woodland Mansions - Waldanwesen

Zombie Pigmen - Schweinezombie

Bring deine Minecraft-Skills
auf ein neues Level!

Die wichtigsten Basics für Einsteiger
Geballtes Profi-Wissen
Jede Menge neue und interessante Minecraft-Facts

Minecraft-Experte SparkofPhoenix präsentiert eine wahre Gold-grube an Tricks und Tipps, die das Spiel zu einem ultimativen Erlebnis machen. Egal, ob Anfänger oder erfahrener Spieler, hier findet jeder etwas!

SparkofPhoenix
200 Dinge in Minecraft,
die du noch nicht wusstest
Band 0335

Das gesamte Programm gibt es unter
www.fischerverlage.de